भारत के प्रधानमंत्री

रेनू सरन

डायमंड बुक्स

प्रकाशक : डायमंड पॉकेट बुक्स (प्रा.) लि.

X-30 ओखला इंडस्ट्रियल एरिया, फेज-II
नई दिल्ली - 110020
फोन : 011-40712200
ई-मेल : sales@dpb.in
वेबसाइट : www.diamondbook.in

BHARAT KE PRADHANMANTRI
by : Renu Saran

प्राक्कथन

भारतीय प्रजातंत्र में प्रधानमंत्री का पद बहुत ही गौरवपूर्ण एवं अर्थपूर्ण है। देश की उन्नति और अवनति प्रधानमंत्री की कार्यशैली पर ही निर्भर है क्योंकि उसके ही हाथों में देश की सत्ता होती है। 1947 से 2012 तक कई प्रधानमंत्री हुए। पंडित जवाहरलाल नेहरू और इंदिरा गांधी ने सर्वाधिक समय तक शासन किया और उनके कार्यकाल में प्रधानमंत्री पद को लेकर कोई विशेष उठापटक भी नहीं हुई। उनका व्यक्तित्व और कृतित्व इतना प्रभावशाली और जनहित में रहा कि पार्टी में उनके विरोध में खड़ा होने वाला कोई नहीं था। पंडित नेहरू लगभग 17 साल तक देश के प्रधानमंत्री रहे, लेकिन कांग्रेस पार्टी में प्रधानमंत्री के पद को लेकर उनका कोई प्रतिद्वंद्वी पैदा नहीं हुआ। वह लगातार निर्विरोध प्रधानमंत्री पद के लिए चुने जाते रहे। इंदिराजी का भी चुनाव प्रधानमंत्री पद के लिए निर्विरोध होता रहा। वह जब तक जीवित रहीं अपने दल की एकमात्र नेता रहीं और देश को हर मामले में विकास के पथ पर ले गईं। इंदिराजी की आकस्मिक हत्या के बाद राजीव गांधी प्रधानमंत्री बने, लेकिन उन्हें पार्टी में कई वरिष्ठ नेताओं के विरोध का सामना करना पड़ा। राजीव गांधी एक बम विस्फोट में अचानक मारे गए, इसके बाद बहुत कम ही ऐसे प्रधानमंत्री हुए, जो अपना कार्यकाल पूरा कर सके। मोरारजी देसाई, चौधरी चरण सिंह, वी.पी. सिंह, चन्द्रशेखर, देवगौड़ा, इन्द्रकुमार गुजराल ऐसे ही प्रधानमंत्री रहे, जिन्होंने प्रधानमंत्री के पद को प्राप्त तो कर लिया, पर देश को उनसे कुछ नहीं मिला क्योंकि एक तो उनका कार्यकाल बहुत कम समय के लिए रहा, ऊपर से यह भय सदा बना रहा कि न जाने कब कुर्सी छिन जाए। सरकार और कुर्सी बचाने के चक्कर में वे एक कुशल राजनीतिज्ञ होते हुए भी न तो अपना कार्यकाल पूरा कर सके और न ही देशहित में ही कुछ सोच सके।

कहने का आशय है कि किसी भी देश की उन्नति के लिए स्थिर सरकार का होना बहुत जरूरी है। सरकार की स्थिरता पर ही देश की सुरक्षा, खुशहाली, समृद्धि और उन्नति निर्भर करती है। पंडित नेहरू और इंदिरा गांधी ने देश को स्थिर सरकार दी, जिसका सुन्दर प्रभाव उन दिनों देश पर पड़ा और चहुंमुखी विकास की प्रक्रिया पूरी हुई। इस पुस्तक में किसी भी प्रधानमंत्री के बारे में अनर्गल रूप से कुछ भी ऐसा नहीं लिखा गया है, जो आपत्तिजनक हो। हां, किसी के बारे में कम और किसी के बारे में ज्यादा लिखा गया है। इसका कारण बस इतना ही है कि जिस प्रधानमंत्री का कार्यकाल अधिक समय के लिए रहा है और जिसके कार्यकाल में विकास संबंधी कार्य अधिक हुए हैं, उनके बारे में लिखना पड़ा है। किसी पार्टी विशेष या किसी व्यक्ति विशेष का पक्ष पुस्तक को लिखते समय नहीं लिया गया है। इतिहाससम्मत जो बातें या जानकारियां हैं, उन्हें ही पुस्तक में समेटने का प्रयास किया गया है। किसी को अगर कोई आपत्ति हो या किसी की दुखती रग पर कलम चल गई हो तो लेखक माफी चाहता है।

यह भी सच है कि सभी प्रधानमंत्रियों के साथ अलग-अलग तत्कालीन समस्याएं और मजबूरियां रही हैं, उनके अनुसार ही उन्होंने अपने प्रधानमंत्रित्व काल में फैसले लिए हैं, इसमें उनका कोई कसूर नहीं, लेकिन इसके साथ ही यह कहना गलत न होगा कि प्रजातंत्र में जनहित सर्वोपरि होता है। अगर सत्ता के शीर्ष पर बैठा व्यक्ति स्वहित को ध्यान में रखकर जनहित को नजरंदाज करता है तो उसे न तो जनता माफ करती है और न ही इतिहास। ऐसे में सत्ता के शीर्ष पर बैठे व्यक्ति को सोचना होता है कि वह ऐसा क्या करे कि स्वहित भी पोषित हो और जनहित भी। प्रस्तुत पुस्तक में देश के प्रधानमंत्रियों की जीवनशैली, राजनीतिक जीवन और उनके प्रधानमंत्रित्व के बारे में इतिहाससम्मत जानकारियां दी गई हैं।

—रेनू सरन

                                भारत के प्रधानमंत्री

विषय सूची

पंडित जवाहरलाल नेहरू

(1889-1964)

जीवन का चक्र यूं ही चलता रहता है। लोग जन्म लेते हैं, फिर मरते हैं। कुछ समय तक उन्हें याद किया जाता है, फिर समय के साथ-साथ लोग उन्हें भूलते चले जाते हैं, लेकिन ऐसा सब के साथ नहीं होता है। जो कर्मशील और लीक से हटकर कुछ नया कर गुजरते हैं, उनका कृत्य और नाम दोनों ही इतिहास के सुनहरे पन्नों में दर्ज हो जाते हैं। समय की गति भी उनके कृत्य और नाम को मिटा नहीं पाती। उनकी यादें सदा ही मानसपटल पर अंकित रहती हैं। लोग उनसे प्रेरणा लेते रहते हैं यानी वे जन-जन के प्रेरणा स्रोत बन जाते हैं। लोग उनकी मिसाल देते हैं और वैसा ही बनने की कोशिश करते हैं, लेकिन इतना आसान नहीं है किसी महान व्यक्ति के समकक्ष पहुंचना क्योंकि कुदरत सबको एक-सा नहीं बनाती और बनाती भी है तो गुण और व्यक्तित्व एक जैसा नहीं देती। पंडित जवाहर लाल नेहरू एक ऐसे ही व्यक्तित्व के धनी शख्स थे। यह कहना गलत न होगा कि पंडित जवाहरलाल नेहरू एक अलग ही गुण, स्वभाव और अद्भुत विचारधारा के इंसान थे। देशप्रेम उनके हृदय में कूट-कूटकर भरा था। अब तक जितने भी प्रधानमंत्री हुए हैं उनमें नेहरूजी सबसे अधिक विशिष्ट स्थान रखते

हैं क्योंकि आजादी से पहले के भारत के हालातों को उन्होंने बखूबी देखा था, दिल से महसूस किया था और स्वतंत्रता की लड़ाई में तन, मन, धन यानी अपना सब कुछ झोंक दिया था। दूसरे प्रधानमंत्रियों को ऐसे हालातों का सामना नहीं करना पड़ा था। देश के प्रति जो आस्था एवं निष्ठा पंडित नेहरू में थी वैसी निष्ठा व आस्था दूसरे प्रधानमंत्रियों में कम ही देखने को मिलती है।

पंडित नेहरू का व्यक्तित्व अनूठा ही नहीं बल्कि आकर्षक और अद्भुत भी था—मंझला कद, गोरा रंग, स्वच्छ खादी के परिधान में दुबली-पतली पर सशक्त काया, चौड़ा उज्ज्वल माथा, लंबा-सा चेहरा, सीधी नाक, हंसी से भरे होंठों में चमकते दांतों की पंक्ति, काली पुतलियों से युक्त आंखें न बड़ी थीं न छोटी, किन्तु उनकी दृष्टि में एक विशेषता थी—सामने खड़े व्यक्ति को ऐसा लगता था मानो वे आंखें उसके पार कुछ देख रही हों। ऐसे मोहक व्यक्तित्व के धनी थे पंडित नेहरू, जो संबंधों को निभाने और बढ़ाने में विश्वास करते थे।

पंडित नेहरू को बच्चे बहुत प्रिय थे और बच्चों को वह भी बहुत ही प्रिय थे। यही कारण था कि बच्चे उन्हें चाचा नेहरू कहा करते थे। 15 अगस्त 1947 से 27 मई 1964 तक (लगभग 17 सालों तक) लगातार निर्बाध रूप से पंडित नेहरू प्रधानमंत्री के पद पर आसीन रहे। इससे साफ तौर पर जाहिर होता है कि पंडित नेहरू जनता में कितने लोकप्रिय थे। इनका कद लोगों के बीच कितना ऊंचा था। तत्कालीन राजनीतिज्ञों में कोई भी ऐसा नहीं था, जो पंडित नेहरू की लोकप्रियता के करीब आ भी सके।

गांधीजी की दाईं भुजा–नेहरूजी

पंडित जवाहरलाल नेहरू ने जब होश संभाला तब देश में चारों तरफ आजादी के लिए जनता छटपटा रही थी। तत्कालीन गणमान्य व्यक्ति अपने-अपने स्तर पर देश को आजाद कराने के लिए प्रयासरत थे। ऐसे में पंडित नेहरू जैसी शख्सियत का उद्भव किसी चमत्कार से कम नहीं था। महात्मा गांधी की अगुवाई में पूरा देश स्वतंत्रता के लिए लड़ रहा था। गांधीजी से जब पंडित नेहरू की मुलाकात हुई तो वे दोनों ही एक-दूसरे के व्यक्तित्व और गुणों से काफी प्रभावित हुए। गांधीजी के पीछे पूरा देश था, चुनिंदे क्रांतिकारी थे, प्रतिष्ठित विद्वान थे, लेकिन पंडित नेहरू में गांधीजी को कुछ खास ही दिखा और वे नेहरूजी के व्यक्तित्व से सर्वाधिक प्रभावित हुए। कहते

भारत के प्रधानमंत्री

हैं कि गांधीजी उनको अपनी दाहिनी बांह ही नहीं मानते थे, बल्कि अपने पुत्र की तरह उनसे स्नेह करते थे।

यह कहना गलत न होगा कि महात्मा गांधी के बाद पंडित नेहरू ही एक ऐसे शख्स थे, जिनकी छवि लोगों में बेदाग थी। यही कारण था कि आजादी मिलने के बाद गांधीजी ने पंडित नेहरू का नाम प्रधानमंत्री पद के लिए सबके सामने रखा व उनको ही इस पद के लिए सर्वाधिक योग्य व्यक्ति माना और हुआ भी यही। प्रधानमंत्री पद को पंडित नेहरू ने ही सुशोभित किया और इन्हें आजाद भारत का प्रथम प्रधानमंत्री बनने का गौरव प्राप्त हुआ। पंडित नेहरू देश में ही नहीं, बल्कि दूसरे देशों में भी लोकप्रिय थे और आजादी की लड़ाई में नेहरूजी ने जो अपने योगदान दिए थे, उससे वह एक अन्तर्राष्ट्रीय व्यक्ति बन गए थे। नेहरूजी जैसी छवि उस दौरान के दूसरे नेताओं की नहीं बन सकी। नेहरूजी एक अच्छे इंसान, अच्छे नेता, अच्छे लेखक होने के साथ-साथ एक कुशल वक्ता भी थे। उनमें और भी कितनी ही खूबियां थीं, जिससे गांधीजी ने उन्हें सदा अपनी दायीं बांह तथा पुत्र माना।

पंडित जवाहर लाल नेहरू का जन्म

पंडित मोतीलाल नेहरू उन दिनों के जाने-माने एक काबिल वकील थे। उनकी वकालत का लोहा सभी मानते थे। इसीलिए धन-समृद्धि की भी कोई कमी नहीं थी। इलाहाबाद में उन दिनों मोतीलाल नेहरू से अधिक योग्य व कुशल न तो दूसरा कोई वकील था और न ही कोई धनी वकील-परिवार ही था। पंडित मोतीलाल नेहरू एक सफल वकील होने के साथ-साथ एक देशभक्त भी थे और स्वतंत्रता संग्राम के सेनानियों में इनका बड़ा ही नाम था।

14 नवम्बर 1889 का वह दिन मोतीलाल नेहरू के लिए यादगार बन गया जब जवाहर लाल नेहरू ने बालक के रूप में उनके घर में जन्म लिया। बालक जवाहर लाल का मुख-सौंदर्य इतना मोहक और आकर्षक था कि पूरा नेहरू परिवार फूल की मानिंद खिल उठा। पंडित मोतीलाल नेहरू ने बालक के रूप-सौंदर्य से प्रभावित होकर ही उसका नाम जवाहर लाल रख दिया और इस बालक ने बदलती उम्र के साथ इस बेशकीमती नाम की महिमा और बढ़ाई ही घटाई नहीं।

नेहरू परिवार

पंडित मोतीलाल नेहरू इलाहाबाद में रहते थे और जवाहरलाल का भी जन्म इलाहाबाद में ही हुआ, लेकिन नेहरू परिवार का मूल निवास कश्मीर था। नेहरू की बजाय उनके नाम के आगे कौल लगता था। नेहरू-परिवार को ठीक से समझने के लिए आपको इतिहास के उस अध्याय की ओर ले चलते हैं जब औरंगजेब का निधन हो जाने के बाद फर्रुखशियर दिल्ली की गद्दी पर आसीन था। फर्रुखशियर स्वयं एक विद्वान था और विद्वानों की कद्र भी करना जानता था। वह कश्मीरी विद्वान पंडित राज कौल की विद्वता से इतना प्रभावित था कि पंडित राज कौल को दीवान की पदवी से नवाजकर दिल्ली ले आया तथा पंडित राज कौल को जागीर भेंट कर एक शानदार हवेली भी रहने के लिए दी, जो नहर के पास ही स्थित थी। कहते हैं कि नहर के तट पर बनी हवेली में रहने के कारण कौल-परिवार नेहरू-परिवार में तब्दील हो गया। पंडित राज कौल से राज नेहरू कहलाने लगे। पंडित राज कौल यानी पंडित राज नेहरू ही इतिहास के अनुसार पंडित नेहरू के आखिरी प्रमाणिक पुरखे थे।

पंडित नेहरू की मां स्वरूप रानी अपने एकमात्र पुत्र जवाहरलाल से बेइंतहा प्यार करती थीं। पंडित नेहरू के जन्म के बाद मोतीलाल नेहरू ने एक शानदार भवन खरीदा, जो किसी महल से कम खूबसूरत नहीं था। पंडित नेहरू पैतृक मकान से उस महल में आ गए और इस भवन का ही नाम आनंद भवन रखा गया।

मोतीलाल नेहरू एक कुशल वकील ही नहीं थे बल्कि एक जिम्मेदार पिता भी थे। बालक जवाहरलाल की छोटी-से-छोटी जरूरतों का ध्यान उन्हें हर पल रहता था। वह नेहरू परिवार के एकमात्र पुत्र-संतान थे और धन-दौलत की कोई कमी न थी, इसलिए कहा जाता है कि जवाहरलाल की पोशाकें लंदन से आती थीं और जो पोशाक वह पहन कर उतार देते थे, वे धोने के लिए पेरिस जाती थीं, लेकिन बालक जवाहर की उम्र जैसे-जैसे बढ़ती गयी अर्थात् उनकी सोच व ज्ञान में वृद्धि होती गई। उनका जीवन सादगीपूर्ण होता चला गया। वह परिधान के नाम पर पाजामा, शेरवानी और कोट बस यही पहनने लगे।

पंडित नेहरू का छात्र-जीवन

हर किसी के जीवन का स्वर्णिम काल छात्र-जीवन होता है। यह जीवन का वह काल होता है, जब किसी भी व्यक्ति के व्यक्तित्व का निर्माण और

विकास होता है। पंडित मोतीलाल नेहरू को छात्र-जीवन की महत्ता का भलीभांति बोध था। जवाहरलाल नेहरू की प्राथमिक शिक्षा को लेकर मोतीलाल नेहरू भी एक जिम्मेदार पिता की तरह काफी उत्साहित थे। जवाहर लाल को प्रारंभिक शिक्षा उन्होंने अपनी देखरेख में इलाहाबाद में ही दिलवाई, लेकिन उच्च शिक्षा के लिए उन्होंने जवाहरलाल को इंग्लैंड स्थित हैरो एवं कैंब्रिज विश्वविद्यालयों में दाखिला दिलवा दिया। वहीं पर रहकर पंडित नेहरू ने 'बैरिस्टरी' की शिक्षा ग्रहण की।

बैरिस्टरी की शिक्षा पूरी कर 1912 में जवाहरलाल इंग्लैंड से इलाहाबाद आये। वकालत के लिए उन्होंने इलाहाबाद हाईकोर्ट को चुना तथा यहां पर लगभग छह-सात सालों तक वकालत करने के बाद 1919 में उन दिनों के भारत की राजनीति में पंडित नेहरू ने पदार्पण किया। पंडित नेहरू मूलत: देशभक्त थे और बाद में एक राजनेता थे। उन दिनों के भारत की सबसे बड़ी राजनीतिक पार्टी कांग्रेस थी, जिसके माध्यम से देश को आजाद कराने की मुहिम चलाई जा रही थी। पंडित नेहरू भी इस आंदोलन से जुड़ गए।

वैवाहिक जीवन

पंडित नेहरू एक पारिवारिक व्यक्ति थे और अपने से बड़े लोगों की बात को टालना वह नहीं जानते थे। अपने माता-पिता के निर्णयों को ही पंडित नेहरू अपना निर्णय भी मानते थे। पंडित नेहरू जब 27 वर्ष के थे तब मोतीलाल नेहरू ने उनका विवाह कमला कौल से तय कर दिया। कमला कौल के पिता जवाहरमल दिल्ली के एक धनाढ्य बिजनेस मैन थे। इलाहाबाद से बारात दिल्ली आई और 8 फरवरी 1916 को पंडित नेहरू का विवाह कमला कौल से हुआ। अब कमला कौल कमला नेहरू बन गई। वधू कमला, पंडित नेहरू से 10 साल छोटी थीं यानी उस समय उनकी उम्र मात्र 17 साल थी। बारात पूरे 10 रोज तक बड़े आदर-सत्कार के साथ दिल्ली में रहने के बाद इलाहाबाद लौटी थी, जिससे इस विवाह की चर्चा लोगों में काफी दिनों तक रही। बारात का 10 दिनों तक दिल्ली में ठहरना और पूरे हर्षोल्लास के साथ उसका सेवा-सत्कार होना, इस बात का प्रतीक था कि पिता जवाहरमल कौल का अपनी पुत्री कमला से कितना लगाव था।

पुत्रवधू कमला नेहरू का वैवाहिक जीवन आनंदमय बीते, इस बात को ध्यान में रखकर पंडित मोती लाल नेहरू ने आनंदभवन में एक दूसरी मंजिल

भी बनवा दी। पंडित नेहरू अपनी धर्मपत्नी कमला नेहरू के साथ दांपत्य जीवन के एक-एक पल का आनंद लेने लगे। विवाह के एक-डेढ़ साल बीतते ही कमला नेहरू ने 19 नवंबर 1917 को एक परम सुन्दर और परम सौभाग्यशाली पुत्री को जन्म दिया, लेकिन जैसा आम भारतीय परिवारों में कन्या के जन्म को अच्छा नहीं माना जाता है, दादी स्वरूप रानी को भी कन्या के जन्म को लेकर कोई खास खुशी नहीं हुई, किन्तु यह नाराजगी या नाखुशी ज्यादा समय तक नहीं रह सकी और पौत्री की मधुर मुस्कान तथा खूबसूरत रूप ने दादी की सारी नाराजगी दूर कर दी।

पंडित नेहरू ने बहुत ही सोच-विचारकर अपनी पुत्री का नाम इंदिरा रखा। इंदिरा का अर्थ होता है लक्ष्मी और इंदिरा वास्तव में पंडित नेहरू के लिए लक्ष्मी से रत्ती-भर कम साबित नहीं हुई। जैसा नाम वैसा ही रूप और वैसा ही कार्य इंदिरा को पसंद था।

पंडित नेहरू का कांग्रेस पार्टी में प्रवेश

दांपत्य जीवन की अनेक जिम्मेदारियों को निभाते हुए पंडित जवाहरलाल नेहरू का रूझान राजनीति की ओर धीरे-धीरे होता चला गया। वह कांग्रेस पार्टी में आ गए और उनके आने से आजादी की लड़ाई ने एक नया ही रुख अपना लिया।

पंडित नेहरू गांधीजी के विचारों से काफी हद तक प्रभावित थे और उनको अपना आदर्श भी मानने लगे। गांधीजी का जीवन बहुत ही सादगीपूर्ण था। पंडित नेहरू ने भी धीरे-धीरे अपने जीवन को सादगीपूर्ण बना लिया, जिससे वह गांधीजी के बहुत ही प्रिय बन गये। पंडित नेहरू उच्च कोटि के विद्वान थे। उन्हें अपने साथ पाकर गांधीजी का कार्य करने का ढंग ही बदल गया और इन दोनों महान व्यक्तियों की संयुक्त शक्ति ने स्वतंत्रता आंदोलन को और भी अधिक मुखर बना दिया। वैसे इस सच से इंकार नहीं किया जा सकता कि आम जनता को अपनी तरफ आकर्षित करने की शक्ति गांधीजी के व्यक्तित्व में सबसे अधिक थी क्योंकि गांधीजी का बोलने का ढंग बहुत ही निराला और सहज था। पंडित नेहरू की शिक्षा-दीक्षा विदेश में हुई थी। जितना वह अंग्रेजी जानते थे, उतनी अच्छी उनकी हिन्दी नहीं थी। राजनीति में आने के बाद पंडित नेहरू ने जमीनी तौर पर कार्य करना शुरू कर दिया। वह आम जनता के बीच जाने लगे, उनकी बातें सुनने-समझने लगे, उनके दुख-दर्द को

महसूस करने लगे। इस दौरान ही पंडित नेहरू को पता चला कि लोग गुलामी को लेकर कितने दुखी हैं और गरीबी, दर्द तथा आम जनता की समस्याएं क्या होती हैं। इसी दौरान पंडित नेहरू ने अशिक्षित ग्रामीण समाज को नजदीक से देखा और उससे काफी प्रभावित हुए और यही बात पंडित नेहरू को एक जन-नेता बनाने में सफल हुई। पंडित नेहरू का अब तक का जीवन सुखों की छांव में बीता था। स्वतंत्रता आंदोलन के जरिए ही सही, उनका साक्षात्कार असली भारत से हुआ।

आजादी की लड़ाई में शामिल होते ही उनका व्यक्तित्व अचानक ही पूरी तरह से बदल गया और साथ ही इस लड़ाई का अर्थ भी। अब पूर्ण स्वतंत्रता की बात होने लगी। 1916 से लेकर 1919 तक पंडित नेहरू कांग्रेस के एक मामूली से नेता की तरह ही यात्रा करते रहे और इस आंदोलन को जन-आंदोलन बनाने के लिए गांव-गांव भ्रमण करते रहे।

1919 के अंत तक पंडित नेहरू पूरी तरह से राजनीति के रंग में रम गए। 1920 में उन्होंने उत्तर प्रदेश स्थित प्रतापगढ़ में किसानों को इकट्ठा कर किसान मार्च की अगुवाई की, फिर 1920-22 के बीच असहयोग आंदोलन में बढ़-चढ़कर भाग लिया। इससे नेहरू का पार्टी में कद बहुत ही ऊंचा हो गया। कांग्रेस के लाहौर अधिवेशन के वह सभापति नियुक्त किए गए तथा उनके योगदान से ही 31 दिसंबर 1929 को उनकी अध्यक्षता में पूर्ण स्वतंत्रता का प्रस्ताव पारित हुआ।

पूर्ण स्वराज्य का प्रस्ताव पास होते ही पंडित नेहरू अंग्रेज अधिकारियों की आंखों में किरकिरी की तरह चुभने लगे। महात्मा गांधी के बाद अगर कोई नेता अंग्रेजी शासकों को भयभीत कर सकता था तो वह पंडित नेहरू ही थे। गांधीजी की अगुवाई में पंडित नेहरू ने 'अंग्रेजो भारत छोड़ो' नारे के साथ 1942 में जनांदोलन शुरू किया तब गोरों की नींद हराम हो गई। आंदोलनकारी इतने भड़क उठे कि टेलीग्राफ के तार काटने लगे, रेलवे की पटरियां उखाड़कर फेंकी जाने लगीं और सरकारी भवन को क्षति पहुंचाई जाने लगी। आंदोलन को दबाने के लिए गोरों की सरकार ने बहुत से हथकंडे अपनाए, पर कोई लाभ नहीं हुआ तो दहशतजदा अंग्रेजी सरकार ने आंदोलनकारियों को जेल में डाल दिया, लाठियां बरसाई गयीं और गोलियां भी चलाई गई। बहुत से आंदोलनकारी घायल भी हुए और मातृभूमि की आजादी के लिए शहीद भी हो गए। पंडित नेहरू को भी कैद कर जेल में डाल दिया गया और लगभग 3 वर्षों के बाद

पंडित नेहरू को अंग्रेजी सरकार ने रिहा किया, लेकिन इतना सब होने के बाद भी पंडित नेहरू के मजबूत इरादों पर कोई असर नहीं हुआ और वह स्वतंत्रता-आंदोलन का एक सशक्त सिपाही बने रहे।

साहित्यक रचनाएं

यह जानकर आश्चर्य होगा कि इतनी विषमताओं के होते हुए भी पंडित नेहरू ने लेखन का कार्य कैसे किया? वह मूलत: एक लेखक थे। आप उन्हें जन्मजात लेखक भी कह सकते हैं, तभी तो वे इतना अच्छा और इतना अधिक बखूबी लिख पाए। पंडित नेहरू की अंग्रेजी भाषा पर पकड़ अच्छी थी। इसलिए उन्होंने जो कुछ भी लिखा, अंग्रेजी भाषा में ही लिखा। यह जानना आवश्यक है कि पंडित नेहरू एक असाधारण व्यक्तित्व के मालिक थे। भला जेल में रहकर कोई लेखन जैसा संवेदनशील कार्य कर सकता है? जी हां, पंडित नेहरू ने कारावास के एक-एक पल का सदुपयोग लेखन कार्य में किया और उन्होंने अपनी लाडली पुत्री इंदिरा के नाम अनेक पत्र भी लिखे, जो कोई आम पत्र नहीं थे। उनकी बोलती भाषा-शैली का कमाल इन पत्रों में था। इस पत्र के बहाने बेटी को शिक्षित करने की एक सफल कोशिश थी और पंडित नेहरू इस कार्य में पूर्णत: सफल भी रहे। इन्हीं पत्रों को इकट्ठा कर पुस्तक के रूप में छापा गया 'ए फादर्स लेटर्स टु हिज डॉटर' के नाम से और हिन्दी में जब इसी पुस्तक का अनुवाद हुआ तो इसका नाम 'पिता के पत्र पुत्री के नाम' रखा गया।

पंडित नेहरू की अन्य प्रकाशित पुस्तकें हैं 'एन ऑटो बॉयोग्राफी' सन् 1936 में लंदन के एक प्रकाशक ने इस पुस्तक को छापा। इस पुस्तक में नेहरूजी ने जैसा महसूस किया, वैसा ही लिखा है। ग्लिम्पसेज ऑफ वर्ल्ड हिस्ट्री। सन् 1939 में इस पुस्तक को भी लंदन के ही एक विख्यात प्रकाशक ने छापा, जिसमें नेहरूजी के पत्रों का ही समावेश था। इस पुस्तक को पढ़ने के बाद सहज रूप से ही मालूम हो जाता है कि नेहरूजी को पूरे संसार के इतिहास की कितनी अच्छी जानकारी थी। उनके असाधारण व्यक्तित्व का बोध इस पुस्तक का अध्ययन करने से ही हो जाता है।

'द डिस्कवरी ऑफ इंडिया', पुस्तक को सन् 1946 में कलकत्ता के सिगनेट प्रेस ने प्रकाशित किया और इस पुस्तक को राष्ट्रीय एवं अंतर्राष्ट्रीय स्तर पर इतनी ख्याति मिली कि कई भाषाओं में इसका अनुवाद भी हुआ और

बाद में टी.वी. सीरीयल के रूप में भी इसे जनता के सामने परोसा गया।

'ए बंच ऑफ ओल्ड लेटर्स', सन् 1946 में इस पुस्तक का भी प्रकाशन सिगनेट प्रेस से ही हुआ।

इन पुस्तकों के अतिरिक्त नेहरूजी ने 'लेटर्स दा चीफ मिनिस्टरर्स', 'इंडिपेन्डेन्स एंड ऑफ्टर', 'सोवियत रूस' आदि प्रसिद्ध पुस्तकें भी प्रकाशित हुईं।

'इम्पोर्टेंट स्पीचेज ऑफ जवाहरलाल नेहरू' नाम से संग्रह भी प्रकाशित हुए। नेहरूजी को समझने के लिए इसका अध्ययन किया जा सकता है।

जेल-यात्रा :

पंडित नेहरू एक स्वतंत्रता सेनानी थे, जाहिर-सी बात है, उन्हें जेल-यात्राएं भी जब-तब करनी पड़ीं, लेकिन इससे घबराकर उन्होंने कभी भी मायूसी का दामन नहीं पकड़ा। सदा उत्साहित ही रहे और इस बात का जीता-जागता सबूत उनकी रचनाएं हैं। भारत छोड़ो आंदोलन के दौरान सन् 1942 में वह जेल तो गए ही थे, लेकिन इससे पहले भी कई बार जेल की यात्रा उन्हें करनी पड़ी थी। छ: माह की कैद मई 1930 में उन्हें हुई थी। उसके बाद अक्टूबर में फिर पकड़कर उन्हें कारावास में डाल दिया गया। यह कहना गलत न होगा कि 1933 तक लगभग चार सालों में उनका अधिक-से-अधिक समय कारावास में ही गुजरा। ऐसा भी नहीं था कि पंडित नेहरू को ही जेल की यात्राएं करनी पड़ीं। सन् 1931 में उनकी धर्मपत्नी कमला नेहरू को भी अंग्रेजी सरकार ने पकड़कर कारागार में डाल दिया। उनके पिता पंडित मोतीलाल नेहरू को भी पकड़कर जेल में डाल दिया गया। एक तरह से पूरे नेहरू परिवार ने ही आजादी की इस लड़ाई में जेल की यात्राएं कीं। पंडित मोतीलाल नेहरू का स्वास्थ्य जब जेल के घुटन भरे वातावरण में खराब होने लगा तो अंग्रेजी सरकार ने उन्हें रिहा कर दिया, लेकिन उनका बिगड़ा स्वास्थ्य पुन: संभला नहीं और 6 फरवरी 1931 को उनके पिता मोतीलाल नेहरू का स्वर्गवास हो गया। पंडित नेहरू पिता के निधन से विचलित तो हुए पर जाहिर नहीं होने दिया। उनके व्यक्तित्व की यह सबसे बड़ी विशेषता थी कि हालातों से समझौता करना उन्हें अच्छी तरह से आता था। सन् 1942 में उनकी पुत्री इंदिरा गांधी और पति फिरोज गांधी को भी जेल की यात्रा करनी पड़ी।

पंडित नेहरू का इंदिरा से लगाव

पंडित जवाहरलाल नेहरू का अपनी बेटी इंदिरा से गहरा लगाव था। वह इंदिरा को अपनी पलकों पर रखते थे और इंदिरा को बेटे की तरह ही मानते थे और यह कभी नहीं इंदिरा को अहसास होने दिया कि वह एक स्त्री है। तभी तो उन्होंने लंदन स्थित ऑक्सफोर्ड विश्वविद्यालय में इंदिरा का दाखिला कराया था।

खूबसूरत व युवा इंदिरा की मुलाकात उन्हीं दिनों फिरोज गांधी से हुई। फिरोज गांधी भी ऑक्सफोर्ड के ही छात्र थे और वह पारसी थे, रोजाना मिलने और बातें करने से उन दोनों में मित्रता हो गई और फिर धीरे-धीरे अंतरंगता इतनी बढ़ गई कि मित्रता प्रेम में बदल गई।

उन दिनों पंडित नेहरू देहरादून के एक जेल में थे। इंदिरा ने अपने पिता से जब फिरोज व अपने प्रेम की बात बताकर विवाह करने का फैसला सुनाया तो पंडित नेहरू को बहुत ही आश्चर्य हुआ। वह इस बात को लेकर काफी उग्र और दु:खी हो गए। इंदिरा को उन्होंने अपने तरीके से समझाना चाहा, पर हठी इंदिरा ने उनकी बातें नहीं मानीं। उनका फैसला चट्टान की तरह अटल था। पंडित नेहरू के समझाने का जरा-सा भी असर इंदिरा पर नहीं हुआ। फिरोज गांधी स्वाभाविक रूप से एक अच्छे इंसान थे। फिरोज में मानवीय गुण भी हैं, इसका बोध इंदिरा को तब हुआ जब वह अपनी बीमार मां कमला नेहरू के उपचार के लिए डॉक्टर मदन अटल के साथ जर्मनी गईं। कमला नेहरू का उपचार काफी दिनों तक हुआ। इंदिरा जर्मनी में अपनी बीमार मां के साथ हैं, इसकी जानकारी मिलते ही फिरोज भी वहां पहुंच गए और कमला नेहरू की सेवा करने में कोई कसर नहीं छोड़ी। इंदिरा को फिरोज गांधी की सेवा-भावना ने काफी प्रभावित किया और वह धीरे-धीरे फिरोज के काफी करीब आ गईं। इंदिरा एक तरफ फिरोज से प्रेम करती थीं तो दूसरी तरफ उनकी सेवाभक्ति को भी नमन करती थीं। यही वजह थी कि महात्मा गांधी और पंडित नेहरू की सहमति न होने पर भी इंदिरा ने 26 मार्च 1942 को हिन्दू रीति अनुसार फिरोज से शादी कर लीं। अंतत: गांधी और नेहरू को दबे मन से इस विवाह को स्वीकार करना पड़ा। अब दूसरा कोई रास्ता भी नहीं था।

 भारत के प्रधानमंत्री

प्रधानमंत्री पद और पंडित नेहरू

अंग्रेजी सरकार आये दिन के आंदोलन से भीतर-ही-भीतर टूट-बिखर-सी गई थी। वह समय 1945 का था जब द्वितीय विश्वयुद्ध ने सबके ही दिलों को दहलाकर रख दिया था। अंग्रेजी सरकार ने भी अब मन बना लिया था कि भारत को आजाद कर दिया जाए।

सन् 1946 की एक सुबह खुशियों का झोंका लेकर आई और अंग्रेजी सरकार ने यह स्वीकृति दे दी कि भारत में अंतरिम सरकार का गठन किया जाए।

अब यह सवाल खड़ा हो गया कि अंतरिम सरकार का प्रधानमंत्री पद कौन संभाले? लेकिन यह प्रश्न ज्यादा समय तक नहीं टिका रहा । महात्मा गांधी का आशीर्वाद नेहरूजी को प्राप्त था और सर्वसम्मति से नेहरूजी अंतरिम सरकार के प्रधानमंत्री चुन लिए गए, लेकिन इतने सबसे मामला शांत नहीं हुआ। सरकार बनने और स्वतंत्रता मिलने तक जो भी घटना घटी, बहुत ही आश्चर्यजनक तथा हृदय को चीर देने वाली थी। कांग्रेस से निकलकर अल्पसंख्यकों ने मुस्लिम लीग पार्टी बना ली, जिसके नेता मुहम्मद अली जिन्ना थे। जिन्ना ने भी पंडित नेहरू की तरह ही विदेश में रहकर पढ़ाई की थी, वह भी वकील थे। पंडित नेहरू की तरह ही उनका पहनना-ओढ़ना भी था। नेहरूजी ने तो महात्मा गांधी के नेतृत्व में सादगी स्वीकार कर ली थी, पर जिन्ना की सोच, रहन-सहन और पहनावा विदेशी का विदेशी रह गया था। जिन्ना चाहते थे कि प्रधानमंत्री उन्हें ही बनाया जाए, लेकिन हिन्दू प्रधान राष्ट्र में मुहम्मद अली जिन्ना के लिए प्रधानमंत्री बनना इतना आसान नहीं था। प्रधानमंत्री की इस दौड़ में जब वह नेहरू से पीछे रह गए तब उन्होंने मुस्लिम लीग के नेता के रूप में मुस्लिम देश की घोषणा करने के लिए दबाव बनाना शुरू कर दिया। अंग्रेज भी यही चाहते थे कि भारत की अखंडता कायम न रहे। ऐसे में जिन्ना की यह मांग सफल हो गई। अंग्रेजी सरकार ने यह घोषणा कर दी कि भारत आजाद तभी होगा, जब यह दो राष्ट्रों के रूप में अलग-अलग हो जाएगा। अपनी इस चाल को अंजाम देने के लिए अंग्रेजों ने गवर्नर जनरल के रूप में लॉर्ड माउन्टबेटन को भारत भेजा। कांग्रेस और मुस्लिम लीग के नेताओं की लार्ड माउंटबेटन की मध्यस्थता में एक बैठक हुई और उसमें यह तय हुआ कि मुस्लिम बाहुल्य जो क्षेत्र हैं,

उन्हें अलग कर पाकिस्तान के नाम से नये राष्ट्र की घोषणा कर दी जाए। 14 अगस्त को पाकिस्तान नाम से नए राष्ट्र को आजादी दी गई और भारत को 15 अगस्त को पूरी तरह से स्वतंत्रता मिली।

भारत के विभाजन के बाद ही यह मामला शांत हो सका। ऐसा नहीं था कि महात्मा गांधी ने भारत की एकता व अखंडता के लिए प्रयास नहीं किया। उन्होंने मुस्लिम लीग के नेताओं से भी बात की, कांग्रेस के नेताओं को भी समझाया और अकेले में मांउटबेटन से भी इस विषय पर बात की, लेकिन सबकी अपनी-अपनी शर्तें थीं, अपनी-अपनी जिदें थीं। महात्मा गांधी को थक-हारकर चुप रह जाना पड़ा। इस बात में भी कोई शक नहीं कि गांधी जी ने जिन्ना को स्वतंत्र भारत का प्रधानमंत्री बनाने की बात भी मान ली थी, लेकिन जिन्ना पर कई मुस्लिम नेताओं का दबाव था कि वह अलग मुस्लिम देश बनाने की मांग करें। दूसरी तरफ जिन्ना को सरदार पटेल और पंडित नेहरू जैसे ऊंचे कद के नेताओं से भय भी था कि इनके व्यक्तित्व के आगे वह ज्यादा दिनों तक प्रधानमंत्री पद पर बने नहीं रह सकेंगे।

कुल मिलाकर यह कहा जा सकता है कि परिस्थितियां ही ऐसी बन गई थीं कि महात्मा गांधी जैसा सर्वप्रिय शख्स भी देश के बंटवारे को रोक न सका। यह कहा जा सकता है कि सत्ता के मोह में डूबे नेताओं ने गांधीजी की महत्ता को एक तरह से कुछ समय तक के लिए भुला दिया था।

अंग्रेजों की यह कोशिश थी कि भारत को कई राष्ट्रों में विभक्त कर दिया जाए ताकि अन्य राष्ट्रों के लोग यह कहते न थकें कि भारत का पराधीन रहना ही सही था। अपनी इसी चाल के तहत मांउटबेटन ने यह घोषणा कर दी थी कि नवाब, रियासत के मालिक तथा छोटे राजा जिस राष्ट्र के साथ मिलना चाहते हैं, मिल सकते हैं या वे स्वतंत्र रहकर राज्य चला सकते हैं।

सरदार वल्लभभाई पटेल जैसा चतुर और कूटनीतिज्ञ नेता उस दौरान अगर न होता तो संभवत: अंग्रेजों की यह चाल सफल हो जाती। बहुत से नवाब या रियासतदार पाकिस्तान के साथ जाने को तैयार थे क्योंकि मुस्लिम लीग के नेताओं ने उन्हें यह लालच दिया था कि उनकी नवाबी और रियासतें यूं ही कायम रहेंगी। उनकी आजादी के साथ कोई छेड़छाड़ नहीं की जाएगी। ऐसे में सरदार पटेल ही ऐसे व्यक्ति थे, जो अंग्रेजों तथा मुस्लिम लीग की इस शातिर चाल को अच्छी तरह से जान-समझ गए थे। पलक झपकते ही सरदार पटेल ने देशी रियासतों को पाकिस्तान में जाने से सख्त रूप से मना कर दिया

   भारत के प्रधानमंत्री

और इसके लिए उन्होंने वह सब किया, जो देशहित के लिए करना जरूरी समझा। उन्हीं दिनों टी.बी. रोग के कारण जिन्ना की अचानक मौत हो गई, किन्तु देश का विभाजन तो हो ही गया। बंटवारा क्या हुआ, हिन्दू-मुस्लिम के झगड़े में लाखों निर्दोष लोग मारे गए और करोड़ों को घर से बेघर होना पड़ा, जिसका हिसाब रखने वाला कोई नहीं था।

पर जो हुआ वह प्रारब्ध था।

प्रधानमंत्री पद ग्रहण करने से पहले पंडित नेहरू ने एक बहुत ही शानदार भाषण दिया था, जो आज के संदर्भ के लिहाज से भी महत्त्व रखता है।

पंडित नेहरू ने कहा था....“वर्षों पहले हमने एक संकल्प लिया था... वादा किया था और अब वह शुभ घड़ी आ गई है, जब हम अपना संकल्प पूरा करेंगे। रात को ठीक 12 बजे पूरा संसार गहरी नींद में होगा, पर भारत स्वतंत्रता के लिए जाग रहा होगा। ऐसी घड़ी तब आती है, जब हम पुराने युग से नये युग में दाखिल होते हैं। नये युग में आकर हमारी आत्मा को नये विचार मिलते हैं, जो सालों से मसली-रौंदी हुई थी। इस शुभ अवसर के लिए सबसे अधिक वाजिब यह होगा कि हम भारतीय लोग पूरी मानव जाति की सेवा में स्वयं को लगा दें। स्वतंत्रता की जिस प्राप्ति पर आज हम गौरवान्वित हो रहे हैं, वह तो सिर्फ एक कदम-भर है। हमें अभी और परिश्रम करना है। हमारे सामने ढेरों प्रश्न हैं। आने वाला दौर आराम करने का नहीं है, हमें लगातार मेहनत करनी होगी....कोशिश करनी होगी, तभी हम अपने उस संकल्प को पूरा कर सकते हैं, जिसे हमने कई बार दोहराया है। ऐसा करके ही हम कुछ नया प्राप्त कर सकते हैं।”

स्वतंत्रता-आंदोलन के दौर में ही नेहरूजी ने भारत के ग्रामीण अंचलों को बखूबी जान-समझ लिया था। जो समस्याएं परतंत्र भारत में थीं, वे समस्याएं आजादी के बाद और भी अधिक बढ़ गई थीं। धनाभाव की स्थिति तो सबसे अधिक थी। अकाल और सूखे ने देश को खंगालकर रख दिया था। भुखमरी और गरीबी से देश जूझ रहा था। खेती पूरी तरह से मानसून के भरोसे थी, जिससे यहां की धरती 40 करोड़ आबादी वाले देश भारत के लिए अनाज पैदा करने में असमर्थ थी। भोजन और कपड़ा बस लोग इतना ही सोचते थे। कपड़ा इंग्लैंड से आता था और रुई यहां से वहां जाती थी। लोग अशिक्षित थे, तकनीकी का कोई ज्ञान नहीं था और इलाज के लिए दवाइयां नहीं थीं, जिससे जो भी बीमारी फैलती (हैजा, मलेरिया, चेचक, प्लेग) वह महामारी का रूप

धारण कर लेती। मात्र 42 की उम्र में ही लोग काल के मुंह में समा जाते। लोग कुपोषण के शिकार थे। मां बनना मृत्यु के मुंह से निकलने के समान था। नेहरूजी का राष्ट्र के नाम संबोधन शायद इन्हीं सब समस्याओं को लेकर था, उन्हें सब पता था।

राष्ट्र का नवनिर्माण

56 ऐसी रियासतें थीं, जो भारत में नहीं मिलाई जातीं तो जो आजादी मिली थी, उसका कोई अर्थ ही नहीं होता। एक तरह से भारत का नवनिर्माण ही करना था। तत्कालीन भारत सरकार के सामने यह सबसे बड़ी समस्या थी कि नये भारत का विस्तार कैसे हो। उन दिनों गृहमंत्री सरदार वल्लभभाई पटेल थे। सरदार पटेल एक अनुभवी, कठोर और फैसले लेने के मामले में अपने-आप में सक्षम व्यक्ति थे। पंडित नेहरू तथा सरदार पटेल दोनों की ही यही इच्छा थी कि रियासतदारों को किसी भी तरह से इस बात के लिए राजी किया जाए कि तत्कालीन भारत में वे अपना विलय कर लें। अधिकांश रियासतदारों ने हालात से समझौता कर विलय स्वीकार कर लिया, लेकिन जूनागढ़, हैदराबाद तथा जम्मू व कश्मीर के रियासतदारों ने विलय से इंकार कर दिया। फिर भी सरदार पटेल के सहयोग से भारत सरकार ने सन् 1948 तक इन रियासतों को भी भारत के नक्शे में मिला दिया। जूनागढ़ और हैदराबाद में सैनिक कार्रवाई सरकार ने की और उन्होंने विलय होने की बात स्वीकार कर ली। जम्मू-कश्मीर का भारत में विलय थोड़ा कठिन था क्योंकि हिन्दू-मुस्लिम की मिलीजुली आबादी वहां थी। हिन्दू भारत के पक्ष में थे तो मुस्लिम पाकिस्तान के पक्ष में थे। जम्मू-कश्मीर के राजा हरि सिंह मुस्लिम आबादी को नाराज नहीं करना चाहते थे, जिससे वह भारत में विलय को तैयार नहीं थे।

ऐसे में पाकिस्तान ने जम्मू-कश्मीर पर हमला बोल दिया। राजा हरि सिंह ने भारत सरकार से सैनिक मदद की मांग की। अभी भी लार्ड मांउटबेटन भारत का गर्वनर-जनरल था। यह कहना गलत न होगा कि पंडित नेहरू से मांउटबेटन के संबंध मित्रतापूर्ण हो गए थे और इस मैत्रीपूर्ण संबंध का लाभ पंडित नेहरू को मिला। माउंटबेटन ने राजा हरि सिंह के सामने एक शर्त रख दी कि भारत तब तक सैन्य कार्रवाई नहीं कर सकता जब तक जम्मू-कश्मीर का विलय भारत में नहीं हो जाता। विलय के बाद ही भारत नैतिक और कानूनी तौर पर सैनिक कार्रवाई कर सकता है। राजा हरि सिंह को मजबूरन यह घोषणा करनी

पड़ी कि जम्मू-कश्मीर भारत में विलय होने के लिए तैयार है। इस प्रकार से जम्मू-कश्मीर का विलय भारत में हो गया। माउंटबेटन से पंडित नेहरू का मधुर संबंध देश के लिए वरदान साबित हुआ। उस समय रक्षा मंत्री कृष्ण मेनन थे। गांधीजी की भी यही इच्छा थी कि जम्मू-कश्मीर की रक्षा सैन्य बल भेजकर की जाए।

सबकी सहमति से पंडित नेहरू ने सैनिक कार्रवाई के लिए आदेश जारी कर दिया और भारतीय सैनिकों ने बड़ी वीरता से पाकिस्तानी सेना और पठान कबाइलियों को परास्त करना शुरू कर दिया। युद्ध अभी लड़ा ही जा रहा था तभी संयुक्त राष्ट्रसंघ की सुरक्षा परिषद ने भारत तथा पाकिस्तान को सलाह दी कि वे युद्ध रोक दें। युद्ध बीच में ही रुक गया और जम्मू-कश्मीर का एक भू-भाग पाकिस्तान के कब्जे में ही रह गया।

फैसला अब संयुक्त राष्ट्रसंघ के हाथ में आ गया। अंग्रेजों ने देश के बंटवारे को लेकर जो नियम लागू किये थे, उनमें यह था कि मुस्लिमों की संख्या जहां अधिक होगी, वह क्षेत्र पाकिस्तान के अंतर्गत आयेगा। पाकिस्तान सरकार ने कब्जे वाले उस भू-भाग में जितने भी हिन्दू थे, उनका कत्ल कर दिया और वहां पर मुसलमानों को भेज दिया। फिर पाकिस्तान ने यह मांग कर दी कि यह मामला वहां की जनता पर ही छोड़ दिया जाए कि वह भारत में विलय चाहती है या पाकिस्तान में। आज तक सुरक्षा परिषद इस मामले का फैसला नहीं कर सकी है। वह भू-भाग पाकिस्तान के ही कब्जे में है। इस तरह से जम्मू-कश्मीर का आंशिक रूप से ही भारत में विलय हो सका।

अब गोवा और पांडिचेरी को भारत में मिलाने को लेकर सवाल खड़ा था। उन पर फ्रांसीसी और पुर्तगाली सरकारों ने कब्जा कर रखा था, लेकिन खुशी की बात यह थी कि वहां के आम लोग भारत में रहकर सांस लेना चाहते थे। 1954 में फ्रांस सरकार से भारत सरकार की एक संधि हुई, जिससे फ्रांस सरकार ने कब्जे वाले क्षेत्र को छोड़ दिया, लेकिन पुर्तगाली अपना कब्जा बनाए रखे। वहां की जनता पुर्तगालियों के अधीन रहना नहीं चाहती थी, जिससे उसने सत्याग्रह शुरू कर दिया, लेकिन इस सत्याग्रह का पुर्तगालियों पर कोई असर नहीं हुआ, फिर मजबूरन पंडित नेहरू ने 17 दिसंबर 1961 को गोवा में सैन्य बल भेज दिया, लेकिन युद्ध शुरू होने से पहले ही वहां की सेना ने हाथ खड़ा कर आत्मसमर्पण कर दिया। इस तरह से गोवा का भी भारत में विलय हो गया और भारत का विस्तार विश्व पटल पर एक महादेश के रूप में उभरकर सामने आ गया।

1947 का विभाजन

1947 का विभाजन बहुत कुछ ले गया, बहुत कुछ बर्बाद कर गया और बहुत कुछ उजाड़ गया। औरतें विधवा हो गईं, बच्चे अनाथ हो गए, ऐसी खून की होली जाति और धर्म के नाम पर खेली गई। इस खूनी होली में लगभग पांच लाख लोग बेमौत मारे गए और करोड़ों-अरबों की सम्पत्ति नष्ट हो गई।

यह कोई नजरंदाज करने वाली समस्या नहीं थी। पंडित नेहरू और उनकी सरकार के सामने एक यक्ष प्रश्न बनकर खड़ी थी कि ऐसे में क्या किया जाए और क्या नहीं किया जाए? पूरा देश दंगाग्रस्त था। अल्पसंख्यक डरे व सहमे हुए थे। दिल्ली में भारी तादाद में पाकिस्तान से जान बचाकर शरणार्थी आए हुए थे। शरणार्थियों को बसाना और दंगों को रोकना नेहरू सरकार की पहली जिम्मेदारी थी। नेहरू सरकार को एक बार तो लगा कि वह इस समस्या से निपट नहीं पाएगी, लेकिन पंडित नेहरू की सूझ-बूझ ने ऐसे में काम किया, दंगे पर धीरे-धीरे काबू पा लिया गया और शरणार्थियों को भी रहने के लिए जगह मुहैया कर दी गई, इसके साथ ही उन्हें पूरी सुरक्षा भी दी गई। शरणार्थियों को लेकर इस तरह की ही समस्या तब आ खड़ी हुई जब तिब्बत को चीन ने अपने कब्जे में ले लिया। भय और दहशत से परेशान बड़ी तादाद में तिब्बती पहाड़ी रास्तों को पारकर बड़ी मुश्किल से भारत आ पहुंचे। दलाईलामा भी वहां से भागकर भारत आ गए। उनकी हालत बहुत ही दयनीय थी। उनकी औरतों और बच्चों का बुरा हाल था। वे भूख के मारे बिलबिला रहे थे। पंडित नेहरू का हृदय द्रवित हो उठा। वह पहले एक अच्छे इंसान, फिर प्रधानमंत्री थे। हिमाचल के धर्मशाला जिले में दलाईलामा ने शरण ली और वहीं से तिब्बत की आजादी के लिए जूझते रहे। नेहरू सरकार ने तिब्बती शरणार्थियों के साथ अच्छा व्यवहार किया और उन्हें रहने के लिए जगह की व्यवस्था करवाई।

हाल ही में आजाद हुआ भारत कई समस्याओं से जूझ रहा था। ऐसे में नेहरू नहीं चाहते थे कि तिब्बत के कारण चीन से दुश्मनी मोल ली जाए। उन्होंने युद्ध की-सी स्थिति को हमेशा ही टालने का प्रयास किया और इस प्रयास के तहत 'हिन्दी-चीनी भाई-भाई' का नारा बुलंद किया तथा पंचशील जैसे विचार को उनके सामने पेश किया, लेकिन चीन की मंशा ठीक नहीं थी। भारत को लेकर चीन कभी भी संजीदा नहीं हुआ। अंदर-ही-अंदर वह

योजनाएं बनाता रहा और अंततः पंचशील के नियमों की धज्जियां उड़ाते हुए सन् 1962 में भारत पर हमला बोल दिया। आजाद भारत युद्ध करने की स्थिति में नहीं था। आधुनिक हथियारों से लैस चीन की फौज के सामने भारतीय सैनिक टिक न सके तथा चीन की फौज भारतीय सीमा में दाखिल हो गई। चीनी फौज को असम स्थित तारापुर नगर पर कब्जा करने में देर न लगी। चीनी सैनिक बिहार में घुसने ही वाले थे, तभी युद्ध बंद कर देने की चीनियों ने घोषणा कर दी। चीन की योजना बस इतनी ही थी कि जीते हुए भू-भाग पर उसका अधिकार किसी भी तरह से कायम रहे। उसकी यह योजना सफल रही और उसने लद्दाख के बहुत बड़े भाग को हथिया लिया, जो आज भी उनके अधिकार में है।

पंडित नेहरू के साथ चीन ने दोस्ती की आड़ में बहुत बड़ा छल किया था, जिसने नेहरूजी को भीतर तक घायल कर दिया। वह एकदम से टूट गये क्योंकि उनकी जो छवि थी, वह अब इस युद्ध के बाद धूमिल पड़ गई थी। भारतीय सेना को हार का विष पीना पड़ा। पूरे विश्व के सामने बदनामी हुई।

विपक्षी पार्टी अब चुप कहां रहने वाली थी। संसद में चीन के हमले को लेकर सवाल खड़ा किया गया। अपनी सफाई में पंडित नेहरू ने बस इतना ही कहा कि "घास भी उस भू-भाग पर नहीं उगती।" नेहरू के इतना कह देने से उनकी आलोचना करने वालों का मुंह बंद नहीं हुआ। तत्कालीन रक्षामंत्री कृष्ण मेनन पर उंगलियां उठीं। देश की रक्षा को लेकर सवाल किए गये और पद से इस्तीफा देने की बात कही गई, लेकिन पंडित नेहरू इसके लिए भीतरी मन से तैयार नहीं थे, किन्तु विपक्ष कहां चुप रहने वाला था। पूरा देश इस शर्मनाक और अपमानजनक घटना को लेकर क्रोधित था। अंतत कृष्ण मेनन को पद से इस्तीफा देना ही पड़ा।

पंडित नेहरू ने जानबूझकर ऐसा नहीं होने दिया था। उन्हें खुद इस बात का बहुत ही दुःख था और वह अचानक ही लकवा ग्रस्त हो गए तथा दो साल के भीतर ही सन् 1964 में उन्होंने शरीर त्याग दिया।

वास्तविक गणतंत्र की स्थापना

15 अगस्त 1947, देश को पूर्ण स्वतंत्रता तो मिल गई थी, लेकिन भारतीय संविधान अभी तक लागू नहीं हो सका था, जिससे कहा जा सकता था कि अभी वास्तविक गणतंत्र की स्थापना होनी थी। पंडित नेहरू ने इस दिशा में

बखूबी उल्लेखनीय कार्य किया और 26 जनवरी 1950 को भारतीय संविधान लागू करवाया। इसमें डॉक्टर भीमराव अंबेडकर का भी महत्त्वपूर्ण योगदान था, लेकिन यह कहना गलत न होगा कि संविधान पंडित नेहरू के नेतृत्व में ही तैयार हुआ और संविधान की हर लाइन पंडित नेहरू की इजाजत के बाद ही पूरी की गई।

इसमें कोई शक नहीं कि पंडित नेहरू एक उच्च कोटि के विद्वान थे तथा उन्होंने अपने जीवन के अधिकांश पल विभिन्न देशों की यात्राओं में बिताए थे, जिससे उन्हें कई देशों के संविधान का पर्याप्त ज्ञान था और उन्होंने भारत के संविधान का निर्माण करते समय कई देशों की संविधान सभा की महत्त्वपूर्ण विशेषताओं को भारतीय संविधान में शामिल किया ।

पंडित नेहरू का ज्यादातर समय इंग्लैंड में बिता था और वहां की संवैधानिक व्यवस्था के वे काफी करीब भी थे, जिससे भारतीय संविधान में भी उन्होंने इंग्लैंड के संविधान को सबसे अधिक महत्त्व दिया। इंग्लैंड में क्राउन (राजा) और प्राइम मिनिस्टर ही विशेष रूप से शक्ति सम्पन्न रहते आए हैं। क्राउन को ध्यान में रखकर राष्ट्रपति के पद की व्यवस्था की गई और प्राइम मिनिस्टर को ध्यान में रखकर लोकतंत्रीय पद बहाल रखा गया। संविधान में राष्ट्रपति को देश का प्रथम नागरिक माना गया और उसे तीनों सेनाओं का सेनाध्यक्ष भी बनाया गया तथा शासन की असली बागडोर प्रधानमंत्री एवं उसके मंत्रिमंडल के हाथ में ही रखी गई। इसीलिए राष्ट्रपति को रबड़ की मुहर भी कहा जाता है। उसका कार्य बस दस्तखत करने तक ही है। इसके आगे वह कुछ कह ही नहीं सकता। यह कहना गलत न होगा कि कुछ ही ऐसे मामले हैं, जिनमें राष्ट्रपति अपना फैसला लेने के लिए स्वतंत्र है। राष्ट्रपति की शक्तियां यानी अधिकार तब बढ़ जाते हैं जब देश में आपातकाल लागू हो जाता है, लेकिन आपातकाल की घोषणा भी राष्ट्रपति अपनी मर्जी से नहीं बल्कि प्रधानमंत्री और उसके मंत्रिमंडल की अनुशंसा पर ही कर सकता है।

पहला आम चुनाव

आजादी मिलने के कई सालों के बाद भारत में आम चुनाव की घोषणा हुई थी यानी 1951-52 में आम चुनाव हुआ। इसमें कोई जाति-भेद या लिंग-भेद नहीं था। 21 साल से अधिक उम्र के सभी स्त्री-पुरुषों को अपना

 भारत के प्रधानमंत्री

मत देने का अधिकार दिया गया था। कांग्रेस पार्टी की लोकप्रियता सबसे अधिक थी क्योंकि देश की आजादी में इस पार्टी ने सबसे अधिक योगदान दिया था। इस आम चुनाव के दौरान पंडित नेहरू ने करोड़ों लोगों को संबोधित करते हुए अद्भुत भाषण दिए और कई कि.मी. की यात्राएं कीं ताकि जनाधार कायम रह सके। देश में कांग्रेस के अतिरिक्त और भी कई राजनीतिक पार्टियां बन गई थीं, लेकिन उन पार्टियों ने कांग्रेस पार्टी को जरा-सा भी प्रभावित नहीं किया और नेहरू के नेतृत्व में पार्टी ने पूर्ण बहुमत हासिल किया। कांग्रेस को कुल 364 स्थान प्राप्त हुए और इसका सारा श्रेय पंडित नेहरू को ही मिला।

17 करोड़ लोगों ने इस आम चुनाव में मतदान किया था और पूरे भारत में दो लाख 24 हजार मतदान केंद्र बनाए गए थे। चुनाव के दौरान कहीं भी दंगा-फसाद नहीं हुआ था।

सबकी ही आस्था लोकतंत्र के प्रति थी और नेताओं को लेकर लोगों के मन में निष्ठा भी थी।

विभिन्न राजनीतिक पार्टियां	चुनाव के परिणाम
कांग्रेस	364
अन्य दल	30
जनसंघ	3
साम्यवादी और सहयोगी	23
निर्दलीय	41
हिन्दू महासभा	4
समाजवादी	12
रामराज्य परिषद	3
किसान मजदूर पार्टी	9
उपलब्ध कुल सीटें	489

कांग्रेस को जबरदस्त बहुमत मिला था। इसका सारा श्रेय पंडित नेहरू को ही जाता है क्योंकि महात्मा गांधी के बाद पंडित नेहरू ही एक ऐसे व्यक्ति थे, जिस पर जनता का पूरा प्यार न्यौछावर था। जनता उनसे खुले मन से प्यार करती थी। पंडित नेहरू का चुनावी मुद्दा इस आम-चुनाव में साम्प्रदायिकता को लेकर था। इसमें कोई शक नहीं कि पंडित नेहरू एक धर्मनिरपेक्ष राष्ट्र के समर्थक थे और स्वयं भी एक धर्मनिरपेक्ष व्यक्ति थे। पंडित नेहरू में यह सोच गांधीजी के सम्पर्क में आने के बाद ही पैदा हुई थी। वह गांधीजी को अपना

आदर्श भी मानते थे यह कहना गलत न होगा कि धर्मनिरपेक्षता के गुण उन्हें गांधीजी से विरासत में मिले थे, जिसका निर्वहन पंडित नेहरू ने आजीवन किया, लेकिन इस बात से भी इंकार नहीं किया जा सकता कि जहां गांधीजी के मन में बंटवारे के बाद भी पाकिस्तान से सहानुभूति थी, वहीं पंडित नेहरू को पाकिस्तान से सख्त घृणा थी। पंडित नेहरू किसी देवी-देवता की आराधना नहीं करते थे। हां, मन की शांति के लिए फुर्सत के क्षणों में गीता का पाठ जरूर ही करते थे। इससे साफ पता चल जाता है कि पंडित नेहरू के मन में पाकिस्तान को लेकर ईर्ष्या क्यों थी।

बंटवारे के समय जिस तरह से हिन्दुओं का खुलेआम कत्ल हुआ, जान-माल की क्षति हुई, उससे पंडित नेहरू को गहरी चोट पहुंची। पाकिस्तान को जो क्षतिपूर्ति राशि देने की बात हुई थी, उससे पंडित नेहरू सहमत नहीं थे। उनका कहना था कि पाकिस्तान ने जम्मू-कश्मीर पर अचानक हमला कर भारत के प्रति अपनी दुश्मनी का परिचय दिया है।

लेकिन महात्मा गांधी नेहरू जी के इस कथन से सहमत नहीं थे और वह अनशन पर बैठ गये, फिर पंडित नेहरू को अपने इरादे बदलने पड़ गये और क्षतिपूर्ति की रकम पाकिस्तान को देनी पड़ी।

जहां तक धर्मनिरपेक्षता की बात आती है तो आंख बंदकर कहा जा सकता है कि पंडित नेहरू पूरी तरह से धर्मनिरपेक्षता के संवाहक थे। उन्होंने एक चुनावी भाषण में कहा था– "साम्प्रदायिक विचार रखने वालों को अगर रोका न गया तो आजाद भारत की अखंडता कायम नहीं रह सकेगी। हम आजीवन धर्मनिरपेक्षता के संवाहक बने रहने के लिए संकल्पबद्ध हैं।"

नेहरू-युग में चुनाव आयुक्त सुकुमार सेन थे, जो स्वतंत्र भारत के प्रथम चुनाव आयुक्त थे। सुकुमार सेन ने चुनावी प्रक्रिया को इतनी सहजता से अंजाम दिया कि चुनाव बड़ी ही शांति से संपन्न हुए।

नेहरू-काल में तीन बार चुनाव हुए– 1952, 1957 और 1962 और इन तीनों ही चुनावों में नेहरू जी के नेतृत्व में कांग्रेस पार्टी को पूर्ण बहुमत मिले और पंडित नेहरू ने तीनों बार ही प्रधानमंत्री पद को सुशोभित किया। इससे साफ पता चल जाता है कि पंडित नेहरू को जबरदस्त जनसमर्थन प्राप्त था। लोगों की जनतंत्र में आस्था थी। हां, यहां यह बताना आवश्यक है कि 1957 के लोकसभा-चुनाव में केरल में साम्यवादी पार्टी को जीत हासिल हुई और

साम्यवादी पार्टी ने वहां अपनी सरकार बनाई, तब से ही साम्यवादी पार्टी का ही वहां वर्चस्व है।

नेहरूजी का प्रधानमंत्रित्व काल

पंडित नेहरू को अपार जनसमर्थन प्राप्त था। इसमें कोई शक नहीं कि वह एक जनवादी नेता थे। अपने अधिकारों का नाजायज फायदा उठाने की भी कोशिश उन्होंने कभी नहीं की। अपने मंत्रिपरिषद के सदस्यों पर अनावश्यक रूप से कोई दबाव नहीं डाला अर्थात् उनके कार्यों में कोई दखल नहीं दिया। उनके प्रधानमंत्रित्व काल में मंत्रिपरिषद के सदस्य अपनी बात कहने के लिए आजाद थे और पंडित नेहरू उनकी बातों का पूरा सम्मान करते थे। इतना ही नहीं, पंडित नेहरू राज्य सरकारों के कार्यों में भी कोई हस्तक्षेप नहीं करते थे। मुख्यमंत्री पद के लिए अपना नेता राज्य की पार्टी स्वयं चुनती थी। पंडित नेहरू ने सेना को राजनीति से अलग रखा। उनका मानना था कि राजनीतिक मामलों में सेना का हस्तक्षेप वाजिब नहीं है। सेना का हस्तक्षेप आज भी राजनीतिक मामलों में नहीं है।

सेना में भर्ती के नियमों में भी बदलाव किया गया और सेना में अब किसी भी वर्ग का व्यक्ति भर्ती हो सकता था, जबकि अंग्रेजी शासन के समय यह छूट नहीं थी। पंडित नेहरू ने तीनों सेनाओं जल, थल, वायु को अलग-अलग कर दिया और तीनों सेनाओं के सेनाध्यक्ष भी अलग-अलग नियुक्त कर दिए गए।

गृहमंत्री सरदार पटेल से प्रशासनिक मामलों को लेकर नेहरूजी के कुछ वैचारिक मतभेद हो गए थे। प्रशासनिक व्यवस्था की प्रमुख इकाई आई.सी. एस. संस्था थी। अंग्रेजों ने ही इसकी नींव रखी थी। उन दिनों इसकी परीक्षा लंदन में ही होती थी और अंग्रेज ही इस प्रतियोगिता में शामिल होते थे। अंग्रेजी सरकार तो अब नहीं थी, लेकिन आई.सी.एस. के इन उच्चाधिकारियों के सहयोग से ही नेहरू-युग की व्यवस्था चल रही थी। पंडित नेहरू इस व्यवस्था को नापसंद करते थे। सरदार पटेल का इस विषय में कहना था कि देश अभी इतना सबल नहीं हुआ है कि प्रशासनिक व्यवस्था को छुआ भी जा सके। वैचारिक भिन्नता के बावजूद पंडित नेहरू ने सरदार पटेल के सुझावों को सिर्फ माना ही नहीं बल्कि उसी प्रशासनिक व्यवस्था को मान्यता दे दी। हां आई.सी.एस. का नाम बदलकर आई.ए.एस रख दिया और इसकी

परीक्षा केंद्रीय लोकसेवा आयोग लेने लगा। इस व्यवस्था में अभी तक कोई बदलाव नहीं आया है।

पंडित नेहरू एक सुशिक्षित एवं विद्वान व्यक्ति थे। उन्हें इस बात का पूरा ज्ञान था कि देश का विकास तभी हो सकता है जब विज्ञान एवं तकनीकी के मामले में पर्याप्त कार्य हो। अपनी इसी सोच के तहत पंडित नेहरू ने वैज्ञानिक अनुसंधान और तकनीकी शिक्षा को बढ़ावा दिया, सिर्फ बढ़ावा ही नहीं दिया बल्कि दिल्ली, कानपुर, मद्रास, बम्बई आदि स्थानों में आई.आई.टी. प्रशिक्षण संस्थाओं का निर्माण भी करवाया। वैज्ञानिक अनुसंधानों पर खर्च बढ़ा दिया गया और यह खर्च 1965-66 में 85.06 करोड़ रुपये तक हो गया।

शिक्षा में बदलाव

नेहरू-युग में शिक्षा के मामले में भारतीयों की स्थिति बहुत शोचनीय थी न ही लोग शिक्षित थे और न ही शिक्षा प्राप्त करने के लिए कोई माकूल व्यवस्था ही थी। नेहरूजी इस समस्या को लेकर काफी चिंतित थे। उन दिनों कॉलेज, स्कूल गिने-चुने ही थे, जिससे सबका पढ़ पाना कठिन ही नहीं असंभव भी था। उच्च शिक्षा की व्यवस्था तो उन दिनों भारत में न के बराबर थी। पंडित नेहरू चाहते थे कि सबको समान रूप से शिक्षा मिले। अपने एक भाषण में उन्होंने कहा भी था– "मुझे अब मालूम हो गया है कि पूरी विकास प्रक्रिया शिक्षा पर ही आधारित है।" पंडित नेहरू ने शिक्षा के अभाव को सिर्फ महसूस ही नहीं किया बल्कि शिक्षा बजट में उचित बढ़ोत्तरी भी की। संविधान में था कि 1961 तक 14 साल के प्रत्येक बच्चे को मुफ्त में शिक्षा दी जाएगी। इसे बढ़ाकर 1966 तक कर दिया गया।

1964-65 में शिक्षा के ऊपर होने वाला खर्च बढ़कर 146 करोड़ तक हो गया। 18 से बढ़कर 54 विश्वविद्यालय हो गए और 25000 महाविद्यालय हो गए। कॉलेजों का भी निर्माण करवाया गया।

पंडित नेहरू औरतों को शिक्षा दिलाने के मामले में सकारात्मक सोच रखते थे। उन्होंने खुद अपनी पुत्री इंदिरा को पढ़ने के लिए विदेश भेजा था। उनका कहना था कि लड़कियों को पढ़ाना बहुत आवश्यक है। यह नेहरूजी की कोशिश का ही परिणाम था कि 1964 तक शिक्षित लड़कियों की संख्या में 6 गुना तक वृद्धि हो गई।

शिक्षा को लेकर पंडित नेहरू ने जो भी प्रयास किया, वह वास्तव में ही प्रशंसनीय और अनुकरणीय है, लेकिन यह कहना गलत न होगा एक निर्धारित समय-सीमा के तहत देश के सभी बच्चों को नि:शुल्क शिक्षा दिलाना इतना आसान नहीं था। 1964 में पंडित नेहरू के आकस्मिक निधन से शिक्षा के विकास की प्रक्रिया धीमी ही नहीं हुई, बहुत धीमी पड़ गई। 1965-66 की अवधि की बात करें तो उन दिनों 6 से 14 साल के बहुत कम बच्चे ही पढ़ने के लिए स्कूल जाते थे। स्कूलों का अभाव तो था ही, साथ ही स्कूलों में पर्याप्त अध्यापक भी नहीं होते थे। जो स्कूल थे, उनकी इमारतों की हालत खराब थी। बच्चों के बैठने के लिए कोई व्यवस्था नहीं थी। लड़कियां तो न के बराबर ही स्कूल जाती थीं। उन दिनों भारतीय शिक्षा व्यवस्था की हालत बद से बदतर थी, कहा जाए तो कोई गलत न होगा।

आजादी के बाद हर मामले में कमजोर और असमर्थ भारत को नेहरूजी ने संवारने-संभालने की जितना संभव था, कोशिश की। यह कहा जा सकता है कि पंडित नेहरू ही एक ऐसे प्रधानमंत्री हुए हैं, जो शिक्षा के प्रति तन, मन, धन तीनों ही रूपों से समर्पित थे। उन जैसा प्रधानमंत्री देश को न तो मिला और न ही भविष्य में मिलने की कोई उम्मीद ही है।

परमाणु शक्ति

पंडित नेहरू एक कुशल अधिवक्ता, कुशल राजनेता, कुशल प्रशासक होने के साथ-साथ एक निपुण दूरदर्शी भी थे। उन्होंने सन् 1948 में ही यह स्वीकार कर लिया था कि भारत की सुरक्षा और विकास के लिए परमाणु शक्ति को बढ़ावा देना बहुत ही जरूरी है। इन बातों को ध्यान में रखकर ही पंडित नेहरू ने सन् 1948 में परमाणु शक्ति का गठन किया। परमाणु वैज्ञानिक, डॉक्टर होमी भाभा को अध्यक्ष बनाया गया। पंडित नेहरू स्वयं परमाणु विभाग से संबद्ध थे और उनकी देखरेख में इस विभाग की कार्य-योजनाएं बनती थीं। कुछ सालों के बाद 1954 में अलग से परमाणु विभाग की रचना की गई। डॉ. होमी भाभा को ही सचिव के पद पर नियुक्त किया गया। पंडित नेहरू की परमाणु शक्ति के प्रति अटूट आस्था का ही यह परिणाम था कि 1956 में भारत के प्रथम परमाणु रिएक्टा ने काम करना शुरू कर दिया। पंडित नेहरू की यह हार्दिक इच्छा थी कि परमाणु शक्ति का प्रयोग बेहतर ढंग से सुरक्षा, विकास एवं शांति के लिए हो। वह चाहते थे कि देश में इतनी बिजली का

निर्माण हो कि बिजली की कोई कमी न हो। आज परमाणु शक्ति के मामले में भारत ने जो कुछ भी उन्नति की है वह पंडित नेहरू की ही देन है। अगर उन्होंने परमाणु विभाग का गठन नहीं किया होता तो आज परमाणु शक्ति के मामले में शायद ही देश को इतनी सफलता मिली होती।

रेलवे लाइनों को बिछाना, सवारी व मालगाड़ियों को चलाना तथा सड़कों का निर्माण करवाना आदि विकास संबंधी कार्य व्यवस्थित ढंग से अंग्रेजी राज्य में हुए। डाक तार की सुविधा भी मुहैया करवाई गयी, लेकिन ये सारी व्यवस्थाएं शहरों तक ही सीमित रहीं। गांवों और कस्बों में इस तरह की सुविधाएं नहीं थीं। देश की अधिकांश आबादी को किसी भी तरह की सुविधा प्राप्त नहीं थी। पंडित नेहरू को शुरू से ही इन सब बातों का अहसास था। उन्होंने चहुंमुखी विकास कार्यक्रम की शुरुआत की और साथ ही पंचायती राज के विकास और प्रगति पर भी पूरा ध्यान देना शुरू कर दिया।

पंचवर्षीय योजनाएं

महान दूरदर्शी पंडित नेहरू ने पंचवर्षीय योजनाओं की स्थापना कर देश की उन्नति के रास्ते ही खोल दिए। 1952 में पंचवर्षीय योजनाओं पर काम शुरू हुआ तो धीरे-धीरे इनका विस्तार होता ही चला गया।

पहली पंचवर्षीय योजना (1 अप्रैल 1951–31 मार्च 1956)

पहली पंचवर्षीय योजना में स्वास्थ्य, पशुपालन के विकास व आत्मनिर्भरता पर काफी जोर दिया गया। परिवहन, उद्योग, कृषि, शिक्षा, सिंचाई में सुधार व वृद्धि पर विशेष रूप से ध्यान दिया गया। पंडित नेहरू की सोच वैज्ञानिक थी, इसीलिए पहली पंचवर्षीय योजना में मशीनों, इस्पात, सीमेंट, लोहा, खाद के उत्पादन में वृद्धि की बात निश्चित की गई। जनता की जीवनशैली में सुधार लाने की बात को भी शामिल किया गया। पंडित नेहरू का मानना था कि देश के विकास के लिए उद्योगों को बढ़ावा देना आवश्यक है। इस योजना के तहत उद्योगों के सर्वाधिक विकास को स्थान दिया गया। इसके साथ ही परिवहन एवं यातायात के साधनों का निर्माण व विकास, मुद्रा प्रसार को नियंत्रित करना, खाद्यान्नों के उत्पादन को बढ़ाना तथा कच्चे माल के उत्पादन में वृद्धि करना, आय तथा धन के वितरण में समानता लाना आदि सुधार संबंधी बातें शामिल की गई।

दो हजार तीन सौ अठत्तर करोड़ रुपए पहली पंचवर्षीय योजना का खर्च था, लेकिन एक हजार नौ सौ साठ करोड़ रुपये तक ही यह खर्च हो सका, फिर भी पहली पंचवर्षीय योजना ने अपने मकसद में कामयाबी हासिल की थी। पंडित नेहरू ने इसे देश के शीघ्र एवं चहुंमुखी विकास के लिए बिल्कुल ही सही माना। वह तो बस इतना ही चाहते थे कि देश विकास की ओर अग्रसर हो जाए।

दूसरी पंचवर्षीय योजना (1 अप्रैल 1956–31 मार्च 1961)

इस योजना के क्रियान्वयन संदेश को नई प्रगति मिली। पंडित नेहरू इस दौरान सोवियत संघ की अर्थव्यवस्था के प्रति आकर्षित थे। उन्हें ऐसे में यह बात समझते देर न लगी कि भारत की अर्थव्यवस्था काफी हद तक समाजवाद के अनुरूप होनी चाहिए, लेकिन इसके दोषों का भी उन्हें ज्ञान था। वह देश के प्रधानमंत्री थे और राजनीतिक हालातों को ध्यान में रखकर ही आर्थिक नीति का निर्माण कर सकते थे। उन्हें जनता की मांग का भी ध्यान रखना था, जिससे जनता पार्टी के प्रति आस्थावान बनी रहे और सरकार का फैसला जनता की सोच के ही अनुकूल हो।

उन दिनों समाजवादी पार्टी के नेता डॉ. राम मनोहर लोहिया थे। समय-असमय नेहरू-सरकार उनकी तीखी आलोचना की शिकार होती रहती थी। कुशल राजनीतिज्ञ की तरह सोच रखने वाले पंडित नेहरू ने ऐसी आर्थिक नीति की घोषणा की कि समाजवादी समाज के मुंह पर ताले ही लग गये।

4500 करोड़ रुपये के निवेश का लक्ष्य दूसरी पंचवर्षीय योजना के लिए भी रखा गया था, लेकिन खर्च निर्धारित राशि से भी अधिक 4,672 करोड़ तक हुआ। यह योजना पहली से कहीं अधिक सार्थक सिद्ध हुई।

इस योजना की खूबियां

1. औद्योगिक प्रगति को बढ़ावा देना।
2. रोजगार के अवसर उत्पन्न करना।
3. देश की आय में 25 प्रतिशत का इजाफा करना।
4. बड़े उद्योगों के विकास पर ध्यान देना।
5. बेरोजगारी को दूर करने के लिए रोजगार के अवसरों की तलाश करना।

6. जूट, कपड़ा, कपास, मशीन निर्माण को बढ़ावा देना। निजी क्षेत्रों को विकसित करना।

7. आय और संपत्ति के वितरण में समानता लाना।

नेहरू-सरकार ने वह सब करने की कोशिश की, जिसकी जरूरत लोगों को थी। नेहरू-युग में औद्योगिक क्षेत्रों में अभूतपूर्व प्रगति हुई।

तीसरी पंचवर्षीय योजना (1 अप्रैल 1961-31 मार्च 1966)

यह देश का दुर्भाग्य ही था कि इस योजना का अभी ठीक से समापन भी नहीं हुआ था कि पंडित नेहरू का निधन हो गया। 7500 करोड़ रुपयों इस योजना के लिए निश्चित किया गया था, किन्तु इसका क्रियान्वयन अच्छी तरह से नहीं हो सका।

इस योजना की खूबियां

1. देश की पूरी आय में पांच प्रतिशत की वृद्धि करना।
2. देश को अनाज के मामले में समृद्ध तथा आत्मनिर्भर बनाना।
3. कच्चे माल के उत्पादन के मामले में देश को अपने पैरों पर खड़ा करना।
4. सबको उन्नति के लिए समान अवसर देना तथा आय एवं संपत्ति को समान करना।
5. बिजली, ईंधन, इस्पात तथा रासायनिक उद्योग में वृद्धि कर बढ़ावा देना।
6. रोजगार के नये-नये अवसरों की तलाशकर उनको बढ़ावा देना। लघु उद्योगों में वृद्धिकर बेरोजगारी की समस्या को दूर करना।
7. पढ़े-लिखे बेरोजगारों की समस्या को दूर करना व उद्योगों की स्थापना करवाना।
8. जहां सिंचाई की व्यवस्था नहीं है, वहां सिंचाई की व्यवस्था करना।
9. परिवहन तथा संचार के माध्यमों को विकसित करना।
10. कम-से-कम डेढ़ लाख बेरोजगारों को रोजगार दिलाना।
11. अस्पतालों का निर्माण करवाना।
12. प्राइमरी स्कूलों तथा औद्योगिक प्रशिक्षण संस्थानों का निर्माण करवाना।

यह कहना गलत न होगा कि नेहरूजी की दूरदृष्टि का कोई जवाब नहीं था। दुर्भाग्य कहें या दैवीय प्रकोप, उसी दौरान चीनी आक्रमण हुआ तथा इसके तीन साल

     भारत के प्रधानमंत्री

बाद 1965 में पाकिस्तान से युद्ध लड़ना पड़ा, जिससे तृतीय पंचवर्षीय योजना अधूरी ही रह गई। देश को सूखे की मार भी झेलनी पड़ी। इन सबका देश के विकास पर गहरा असर पड़ा। यह देश पंडित नेहरू के कार्यों को कभी भुला नहीं सकता। उन्होंने देश की उन्नति के लिए जो भी कार्य किया, वह प्रशंसनीय है।

नेहरू-सरकार की विदेश नीति

इस बात में जरा-सा भी शक नहीं कि पंडित नेहरू राष्ट्रीय ही नहीं, बल्कि अन्तर्राष्ट्रीय स्तर के नेता थे। उनकी यह हार्दिक इच्छा थी कि भारत आत्मनिर्भर देश के रूप में विदेशों के सामने खड़ा हो। उन दिनों पूरी दुनिया में दो देशों का ही वर्चस्व था। एक था संयुक्त राज्य अमेरिका तथा दूसरा था सोवियत संघ। सारे देश इन दो गुटों में बंटे हुए थे। कुछ अमेरिका के हिमायती थे तो कुछ सोवियत संघ के पक्षधर थे। अब ऐसे में नेहरूजी के सामने यह यक्ष प्रश्न था कि भारत को किस महाशक्ति के साथ रहना चाहिए? नेहरूजी एक बुद्धिजीवी व्यक्ति थे। ऐसे में यही सूझा कि क्यों न विदेश नीति में गुटनिरपेक्षता के सिद्धांत को बढ़ावा दिया जाए और उसकी ही वकालत की जाए। पंडित नेहरू को यही अच्छा लगा और देशहित भी इसी में नजर आया। नेहरू-सरकार ने गुटनिरपेक्षता की नीति को ही अपनाया और कई देशों के साथ विविध स्तरों पर मधुर संबंध विकसित किये। पंडित नेहरू की सरकार ने जिन देशों के साथ गुट निरपेक्षता की नीति अपनाकर देश की अर्थ व्यवस्था को सुधारा , उनमें से सबसे ऊपर सोवियत संघ का नाम है। वैसे भी आंतरिक तौर पर भारत का सोवियत संघ से मित्रवत संबंध था। इसका लाभ भारत की आर्थिक दशा सुधारने में हुआ, उद्योगों को एक नयी गति मिली।

भारत की विदेश नीति को स्पष्ट करने की दृष्टि से नेहरूजी ने पंचशील के सिद्धांत का प्रतिपादन किया—आक्रामक नीति पर रोक, आंतरिक दखल पर प्रतिबंध, सार्वभौमिकता तथा भौगोलिक अखंडता का आदर, समभाव और परस्पर लाभ, शांतिपूर्ण ढंग से सह-अस्तित्व की भावना आदि ऐसी ही नीतियां नेहरूजी की थीं, जिनकी प्रशंसा देश और विदेश में खूब हुई और इसका लाभ पूरे राष्ट्र को मिला। ऐसे कुशल राजनेता थे पंडित नेहरू, जो अवसर के अनुकूल ढल जाते थे।

2

लाल बहादुर शास्त्री
(1904-1966)

कद के दुबले-पतले शास्त्रीजी धोती-कुर्ता पहनते थे। जवाहर बंडी और गांधी टोपी भी धारण करते थे और जाड़े के दिनों में बंद गले का कोट पहनना पसंद करते थे। इनका व्यक्तित्व कोई खास नहीं था। लेकिन अपने कार्य के प्रति एकनिष्ठता और अव्वल दर्जे की ईमानदारी इन्हें इतिहास के पन्नों में सदा के लिए अंकित कर गई। इनका काम ही ऐसा था कि मात्र 19 माह की अवधि में ही वह मान-सम्मान प्राप्त कर गए, जो कोई 19 साल में भी शायद ही प्राप्त कर सके। कांग्रेस पार्टी में पंडित नेहरू के निधन के बाद कई नेता प्रधानमंत्री पद के दावेदार थे लेकिन उनके नाम पर सहमति नहीं थी। शास्त्रीजी प्रधानमंत्री की दौड़ में जरा भी शामिल नहीं थे। उनकी कर्मठता और उदारता को देखते हुए उनके नाम पर सहमति बनते देर न लगी और सर्वसम्मति से उन्हें प्रधानमंत्री पद के लिए चुन लिया गया। यह शास्त्रीजी के लिए भी आश्चर्य की बात थी। सन् 1964 में लाल बहादुर शास्त्री देश के दूसरे प्रधानमंत्री बने।

2 अक्टूबर 1904 को शास्त्रीजी का जन्म वाराणसी स्थित रामनगर में हुआ था। शास्त्रीजी जाति के कायस्थ थे और इनके पिता का नाम शारदा प्रसाद तथा मां का नाम रामदुलारी था। इनका परिवार साधारण ही था, पिता शिक्षक थे और

काफी धार्मिक विचारों के थे। शास्त्रीजी जब मात्र डेढ़ साल के थे तभी इनके पिता शारदा प्रसाद का निधन हो गया। इनकी परवरिश माता रामदुलारी ने ही की। यही वजह थी कि शास्त्रीजी के जीवन पर मां के गुणों का सर्वाधिक प्रभाव पड़ा।

शास्त्रीजी की परवरिश अच्छी तरह से हो, इस बात को ध्यान में रखकर इनकी मां रामदुलारी शास्त्रीजी को लेकर मायके आ गईं। इनके नाना हजारी लाल भी शिक्षक ही थे और उनका व्यक्तित्व भी शास्त्रीजी के पिता की तरह ही सादगीपूर्ण था। बालक लाल बहादुर के मन पर नाना के सादगीपूर्ण स्वभाव का भी प्रभाव पड़ा।

शास्त्रीजी के बचपन का नाम 'नन्हे' था और घर में इन्हें इसी उपनाम से बुलाया जाता था। इनके नाना हजारी लाल मुगलसराय में रहते थे। परिवार संयुक्त था, शास्त्रीजी से सभी बहुत प्रेम करते थे। इनकी दो सगी बहनें भी ननिहाल में ही रह रही थीं। शास्त्री जी चूंकि गरीब परिवार से थे, इसलिए आर्थिक कठिनाइयों का आये दिन इनको सामना करना ही पड़ता रहता था, लेकिन शास्त्री जी ने कभी भी हालात से समझौता नहीं किया और स्वयं को सदा प्रसन्न रखा।

छात्र जीवन

मुगलसराय में लाल बहादुर के छात्र जीवन की शुरुआत हुई थी। उनके नाना हजारी लाल एक अच्छे इंसान थे। वह लाल बहादुर से बेइंतहा प्यार करते थे। उनकी देखरेख में बालक लाल बहादुर की पढ़ाई सुचारू रूप से चलने लगी, लेकिन ईश्वर को कुछ और ही मंजूर था। लाल बहादुर अभी प्राइमरी शिक्षा पूरी भी नहीं कर पाए थे, तभी नाना हजारी लाल का निधन हो गया। पिता तुल्य नाना का साया भी उनके सिर से उठ गया। अब घर की जिम्मेदारी उनके नाना के छोटे भाई के कंधों पर आ गयी। परिवार के आर्थिक हालात और भी बिगड़ गये, लेकिन बालक लाल बहादुर की पढ़ाई में कोई रुकावट नहीं आई।

शास्त्रीजी का प्रिय खेल गुल्ली-डंडा था। उन्हें जब भी कभी मौका मिलता तो अपने मित्रों के साथ गुल्ली-डंडा अवश्य ही खेलते थे।

शास्त्रीजी के बचपन की एक घटना है, जिसने शास्त्रीजी के जीवन को ही बदल दिया। एक दिन शास्त्रीजी अपने दोस्तों के साथ बगीचे में पहुंचे।

आम के पेड़ों पर फल पके हुए थे। सभी बच्चे फल तोड़ने लगे। इतने में रखवाले ने उन्हें देख लिया। शास्त्रीजी के मित्र तो भाग निकले पर शास्त्रीजी को रखवाले ने पकड़ लिया और उनके गाल पर एक जोरदार थप्पड़ जड़ दिया। शास्त्रीजी आंखों में आंसू भरकर बोले– "मेरे पिता जिन्दा नहीं हैं और एक पिताहीन बालक पर तुम्हें थप्पड़ नहीं चलाना चाहिए।"

रखवाला यह सुनकर आश्चर्य में पड़ गया, फिर कुछ सोचते हुए बोला– "तुम, पिताहीन हो तो तुम्हें आम बच्चों से अधिक जिम्मेदार व समझदार होने की जरूरत है। तुम्हें अपने व्यवहार को मधुर बनाने की भी जरूरत है।"

रखवाला ही शास्त्रीजी का मार्गदर्शक बन गया। शास्त्रीजी के दिमाग में रखवाले की बात बैठ गई। उन्होंने यह समझ लिया कि अपनी कमजोरी को ही अपनी शक्ति बनाने की आवश्यकता है।

प्राथमिक शिक्षा पूरी करने के बाद शास्त्री जी के सामने एक समस्या खड़ी हुई, आगे की पढ़ाई की व्यवस्था मुगलसराय में नहीं थी। पढ़ाई के लिए वाराणसी जाना जरूरी था, लेकिन परिवार की आर्थिक स्थिति इतनी अच्छी नहीं थी कि शास्त्रीजी वाराणसी में रहकर पढ़ें। अंत में मां रामदुलारी ने दूर के रिश्तेदार के यहां शास्त्रीजी को पढ़ने के लिए छोड़ दिया।

शास्त्रीजी बनारस स्थित उस रिश्तेदार के घर रहकर पढ़ने लगे, लेकिन यहां एक दूसरी ही समस्या आ खड़ी हुई। उस परिवार के लोग निर्मम और उदारहीन थे। आवास और भोजन के बदले में शास्त्री जी को नौकरों की तरह घर के कार्य करने पड़ते थे। किशोर शास्त्रीजी को इन बातों का अहसास था, लेकिन वह लाचार थे। वह किसी भी कीमत पर शिक्षा पूरी करना चाहते थे, विरोध करते तो वापस मुगलसराय आना पड़ जाता। उन्हीं दिनों परिवार का एक दूसरा रिश्तेदार बालक जो पढ़ने के लिए आया था, हैजे की चपेट में आ गया। शास्त्रीजी को यह आदेश दे दिया गया कि इस बालक की देखभाल तुम्हीं करोगे। दवाइयों के अभाव में वह बालक दो-तीन रोज में ही मर गया। उसके पास शास्त्री के अलावा कोई नहीं था। किसी को तड़प-तड़पकर मरते हुए शास्त्रीजी ने पहली बार ही देखा था। उस मृतक बालक की चादर, कपड़े यानी सब कुछ शास्त्रीजी को ही धोना पड़ा, यह जानते हुए भी कि उन्हें भी हैजे का संक्रमण हो सकता है। शास्त्रीजी को मजबूरन यह सब करना पड़ा। वह ऐसा नहीं करते तो वह परिवार उन्हें अपने यहां रहने नहीं देता।

समय यूं ही गुजरता रहा। शास्त्रीजी हाईस्कूल में आ गए। इसी दौरान उनकी मुलाकात क्लॉस टीचर श्री मिश्रा से हुई। मिश्राजी को शास्त्रीजी की सारी कहानी मालूम हुई तो उन्होंने शास्त्रीजी पर ध्यान देना शुरू कर दिया। अध्यापक मिश्राजी उदार हृदय के व्यक्ति थे। शास्त्रीजी उनके घर पर भी आने-जाने लगे और अधिक-से-अधिक समय वहां गुजारने लगे, लेकिन धीरे-धीरे उन्हें यह महसूस हुआ कि किसी के लाड़-प्यार का अनावश्यक लाभ नहीं उठाना चाहिए तो उन्होंने मिश्राजी के घर जाना छोड़ दिया। मिश्राजी भी यह समझ गए कि शास्त्रीजी ने संकोचवश उनके यहां आना-जाना बंद कर दिया है।

मिश्राजी को शास्त्रीजी से स्नेह हो गया था। इसलिए मिश्राजी ने शास्त्रीजी से कहा कि उनके बच्चों को ट्यूशन पढ़ा दिया करें। शास्त्रीजी ने कोई आपत्ति नहीं व्यक्त की और मिश्राजी के तीनों बेटों को ट्यूशन पढ़ाने लगे। मिश्राजी ने जब उन्हें ट्यूशन फीस देने के लिए बुलाया तो शास्त्रीजी ने बड़ी ही विनम्रता से कहा– "आप मेरे पिता तुल्य हैं। मैं जिन्हें पढ़ा रहा हूं वे मेरे छोटे भाई हैं। मैं पढ़ाने के एवज में पैसे भला कैसे ले सकता हूं।" मिश्राजी को आश्चर्य भी हुआ और खुशी भी हुई कि वह जिससे इतना स्नेह करते हैं, वह कोई साधारण बालक नहीं है। मिश्राजी एक ईमानदार व्यक्ति थे। वह शास्त्रीजी के नाम से ट्यूशन-फीस इकट्ठा करने लगे और इन पैसों को तब उनकी मां रामदुलारी को दे दिया जब शास्त्रीजी की बहन की शादी तय हुई।

शास्त्रीजी का बालपन शुरू से ही धनाभाव में बीता। उनके परिजनों का सादगीपूर्ण जीवन था। शास्त्रीजी के जीवन पर भी इसका असर हुआ। छात्र जीवन में शास्त्रीजी ने राष्ट्रभक्तों की जीवनियां भी पढ़ीं, जिससे देश के प्रति निष्ठा सहज ही उनके मन में पैदा हुई और इससे उनके व्यक्तित्व में नया निखार आया।

मिश्राजी के माध्यम से ही उन्हें स्वतंत्रता-आंदोलन का बोध हुआ। उन दिनों महात्मा गांधी के नेतृत्व में स्वाधीनता-आंदोलन पूरे देश में चल रहा था। गांधीजी युवाओं के प्रेरणा स्रोत थे। शास्त्रीजी भी गांधी जी के व्यक्तित्व से प्रभावित थे और वह उनसे मिलना चाहते थे। उन्हीं दिनों गांधी जी हिंदू विश्वविद्यालय के शिलान्यास समारोह में बनारस आए। शास्त्रीजी इस अवसर को कहां गवाने वाले थे और वह एक दर्शक के रूप में वहां पहुंच गए। गांधीजी ने अपने संबोधन में स्वतंत्रता-संग्राम के लिए युवाओं को आगे आने

को कहा। अंग्रेजी शासन की आलोचना की तथा अंग्रेजों के चाटुकार तथा पैरोकारों की भर्त्सना की। गांधी जी के इस संबोधन का किशोरवय शास्त्री जी के मन पर गहरा प्रभाव पड़ा। उन्होंने तुरंत यह फैसला कर लिया कि वह परीक्षा नहीं देंगे तथा स्वतंत्रता-संग्राम में जोर-शोर से भाग लेंगे।

लेकिन मिश्राजी को उनका यह निर्णय ठीक नहीं लगा और उन्होंने उन्हें समझाया कि पहले अपनी पढ़ाई पूरी करो और अपनी दोनों बहनों का विवाह करो, क्योंकि अपने परिवार का तुम ही एक मात्र सहारा हो। फिर शास्त्रीजी ने इस विषय में अपनी मां से बात की। मां ने उन्हें इसके लिए इजाजत दे दी।

यह 1919 का समय था। जलियावाला बाग हत्याकांड इसी समय हुआ था। पूरी जनता इससे भड़क उठी थी और छात्र भी आंदोलन में कूद पड़े थे। इस भीड़ में शास्त्रीजी भी शामिल थे। सन् 1921 में पुलिस ने अनेक छात्र आंदोलनकारियों को जेलों में डाल दिया, शास्त्रीजी भी उनमें शामिल थे। लेकिन कुछ ही घंटों के बाद शास्त्रीजी सहित अन्य छात्रों को छोड़ दिया गया।

फिर शास्त्रीजी ने काशी विद्यापीठ में 'शास्त्री' उपाधि के लिए दाखिला लिया और चार वर्षों के अध्ययन के बाद उन्होंने 'शास्त्री' की परीक्षा पास कर ली। 'शास्त्री' की उपाधि प्राप्त करने के बाद उनके नाम के अंत में शास्त्री शब्द जुड़ गया और वह लाल बहादुर से लाल बहादुर शास्त्री कहलाने लगे।

यहां यह बताना प्रासंगिक लग रहा है कि काशी विद्यापीठ में दाखिला लेने के बाद शास्त्रीजी को रोजाना 9-10 कि.मी. पैदल ही चलना पड़ता था। इस दौरान उन्होंने एक खादी भंडार में नौकरी भी की ताकि परिवार का पालन हो सके। आगे चलकर शास्त्रीजी कांग्रेस पार्टी में एक कार्यकर्ता के रूप में शामिल हुए तो उनकी आर्थिक स्थिति को देखते हुए उन्हें सर्वेंट्स ऑफ द पीपुल सोसाइटी में कार्य भी दे दिया गया ताकि वह अपने परिजनों का पालन-पोषण कर सकें।

वैवाहिक जीवन

शास्त्रीजी का विवाह 16 मई 1928 को उनकी माता द्वारा ही पसंद की गई ललिता नाम की युवती से हुआ। उन दिनों शास्त्रीजी की उम्र 24 वर्ष थी। शास्त्रीजी के आदर्श पुरुष गांधीजी थे, इसलिए उन्होंने दहेज के रूप में बस चरखा तथा कुछ वस्त्र ही स्वीकार किए। ललिता देवी एक धनाढ्य परिवार से थीं, पर उन्हें इसका गुमान नहीं था। वह शास्त्रीजी के परिवार में आने के

बाद एक गृहणी के रूप में सबके साथ बहुत जल्दी ही घुलमिल गई और घर के सारे कार्यों को बड़ी ही कुशलता से संभाल लिया। ललिता देवी कम खर्च में घर चलाने में पारंगत थीं। तभी तो शास्त्रीजी की कम आय की सर्विस के बावजूद उन्होंने घर को बड़ी कुशलता से संभाल लिया और कभी भी इसकी शिकायत नहीं की। शास्त्रीजी के मन में स्त्री-पुरुष को लेकर कोई भेदभाव नहीं था, वह जिद्द करके कपड़े धोने के कार्य में ललिता देवी की मदद कर दिया करते थे। शास्त्रीजी से विवाह करने के बाद ललिता देवी को अकसर ही आर्थिक तंगी से गुजरना पड़ता, लेकिन एक धनी परिवार की बेटी ने शास्त्रीजी को इस बात के लिए कभी भी शर्मिंदा नहीं किया और उनकी मां, बहनों एवं स्वयं की संतानों की सेवा पूरी निष्ठा से की। यह कहना गलत न होगा कि ललिता देवी शास्त्रीजी के अनुकूल थीं और उनकी प्रेरणा से ही वह घर को चलाते हुए देश कार्य में भी लगे रहे।

राजनीति और शास्त्रीजी

शास्त्रीजी पूरी तरह से एक सामाजिक कार्यकर्ता थे और राजनीति से भी ओत-प्रोत थे। विवाह के बाद वह इलाहाबाद आकर रहने लगे थे। इलाहाबाद उन दिनों राजनीतिक मामलों में सर्वोपरि था। पंडित मोतीलाल नेहरू और जवाहर लाल नेहरू जैसे दिग्गज नेता भी वहीं पर रह रहे थे। पुरुषोत्तम दास टंडन का निवास भी यहीं पर था। यहीं पर शास्त्रीजी का परिचय पंडित नेहरू से हुआ, जो समय के साथ-साथ गहराता ही चला गया।

1930 में शोलापुर एक जन-आंदोलन में भाग लेने के लिए शास्त्रीजी पहुंचे तो उन्हें गिरफ्तार कर कारावास में डाल दिया गया। फिर 1932 में उन्हें जेल जाना पड़ा। इसके बाद तो 12 वर्षों में वह सात बार जेल गए तथा आजादी मिलने तक उनकी जेल यात्रा नहीं थमी। ऐसे में उनकी धर्मपत्नी ललिता देवी ने उनका पूरा साथ दिया और उनकी गैर-हाजिरी में उनकी माता सहित परिजनों का भी ध्यान रखा। ललिता देवी को यह अच्छी तरह से मालूम था कि शास्त्रीजी ने स्वयं के लिए नहीं बल्कि देश के लिए पारिवारिक सुखों का त्याग किया है। शास्त्रीजी अपने परिवार के एकमात्र पुरुष मुखिया थे। उनकी गैर-हाजिरी में उनके परिजनों को आर्थिक संकटों का सामना तो करना ही पड़ा, इसमें कोई शक की गुंजाइश नहीं है, लेकिन शास्त्रीजी को अपने परिजनों से भरपूर सहयोग मिलता रहा।

जन-आंदोलन में शामिल ललिता देवी

ललिता देवी एक घरेलू महिला थीं। पंडित नेहरू की पत्नी कमला नेहरू ने उन्हें समझाया कि देश की बहुसंख्य घरेलू महिलाएं भी आजादी के लिए संघर्षरत हैं। उन्हें भी जन-आंदोलनों में भाग लेना चाहिए, लेकिन ललिता देवी इसके लिए तैयार नहीं हो सकीं क्योंकि उनकी सास रामदुलारी देवी नहीं चाहती थीं कि उनकी बहू घर की चारदीवारी से बाहर निकले। कमला नेहरू ने रामदुलारी देवी से इस विषय पर बात की और अंतत: उन्हें इस बात के लिए राजी कर लिया। ललिता देवी ने आजादी के लिए किए जाने वाले आंदोलनों में भाग लेने का मन तो बना लिया, लेकिन इसके साथ ही कमला नेहरू से यह भी कह दिया कि मुझ पर घर की भी जिम्मेदारी है। मैं फुर्सत के क्षणों में ही देश सेवा के कार्यों में अपनी भागीदारी दूंगी। कमला नेहरू को उनकी यह बात बहुत ही अच्छी लगी और उन्होंने ललिता देवी की इस शर्त को सहर्ष स्वीकार कर लिया।

उन दिनों विदेशी वस्तुओं का बहिष्कार किया जा रहा था और कांग्रेस के नेतृत्व में महिलाएं इस आंदोलन को चला रही थीं, जगह-जगह विदेशी वस्तुओं को जलाया जा रहा था। ललिता देवी को शुरू-शुरू में कुछ संकोच हुआ, पर जब उन्होंने देखा कि गरीबी की रेखा से नीचे की महिलाएं भी देश सेवा में जुटी हुई हैं तो फिर संकोच कैसा? और इसके बाद वह बढ़-चढ़कर आंदोलन में भाग लेने लगीं और इस तरह से वह महिला क्रांतिकारियों के एक जत्थे की नेता बन गई।

उनके नेतृत्व में महिला क्रांतिकारियों के जत्थे ने एक दुकान का घेराव कर लिया। वहां विदेशी सामान मिलता था।

एक महिला क्रांतिकारी ने उस दुकानदार से कहा– "विदेशी सामान बेचना बंद कर दो।"

दुकानदार को बुरा लगा, वह गुस्सा करते हुए बोला–"यह मेरी रोजी-रोटी है। मैं विदेशी सामान बेचना बंद कर दूंगा तो फिर मेरा धंधा चौपट हो जाएगा।"

इस पर ललिता देवी बोली– "हम धंधा चौपट करने की बात कहां कर रही हैं। हम तो बस इतना चाहती हैं कि तुम अपनी दुकान में स्वदेशी सामान रखो।"

दुकानदार महिला क्रांतिकारियों की ओर देखते हुए बोला– "क्या आप लोग विदेशी वस्तुओं का इस्तेमाल नहीं करतीं, जो दूसरों को मना कर रही हैं?"

“नहीं हमारे कपड़े स्वदेशी हैं...” ललिता देवी ने ऊंची आवाज में कहा।

“और कलाई में जो चूड़ियां हैं, क्या वे भी स्वदेशी हैं? ये चूड़िया भी तो विदेशी ही हैं।”

दुकानदार के इतना कहते ही ललिता देवी और अन्य महिलाओं के भी मुंह बंद हो गए, कोई जवाब देते न बन पड़ रहा था। वास्तव में उन्हें यह मालूम ही नहीं था कि चूड़ियां विदेशी हैं या स्वदेशी। तभी ललिता देवी के पास खड़ी एक महिला क्रांतिकारी बोल पड़ी– “चूड़ियां स्वदेशी हैं या विदेशी यह कहना तो मुश्किल है, पर तुम्हारी कलाई में जो घड़ी है, वह तो विदेशी ही है।”

दुकानदार स्वदेश प्रेमी नहीं था। वह झट से बोला– “ठीक है, अगर ललिता जी अपनी चूड़ियों को तोड़ दें तो मैं भी इस घड़ी को तोड़ दूंगा।”

दुकानदार यह कहकर मुस्करा पड़ा। उसे पता था कि कोई भी महिला सुहाग की प्रतीक चूड़ियों को किसी भी कीमत पर नहीं तोड़ सकती है। यह कहकर वह चूड़ियां तोड़ने के लिए बार-बार कहने लगा। ललिता जी की समझ में अब कुछ भी नहीं आ रहा था।

वह असमंजस की मुद्रा में मौन खड़ी थीं। यह संयोग ही था कि शास्त्रीजी कुछ दोस्तों के साथ उस दुकान पर पहुंच गए। ललिता जी ने दुविधापूर्ण नजरों से शास्त्रीजी को देखा। शास्त्रीजी ने भी उन्हें देखा जैसे उनकी आंखें कह रही हों कि देश से बड़ा कोई भी बलिदान नहीं होता। ललिता देवी एक विदुषी महिला थीं। उन्होंने शास्त्रीजी की मौन स्वीकृति को फौरन पढ़ लिया और अगले पल ही उन्होंने चूड़ियां तोड़ डालीं। चूड़ियों का टूटना था कि दुकानदार सहित उनकी सखियां भी आश्चर्य से आंखें फैलाये रह गईं। फिर सभी ने यह कहना शुरू कर दिया कि अब तुम भी अपनी घड़ी तोड़ फेंको, लेकिन दुकानदार अपनी महंगी घड़ी तोड़ने के लिए तैयार नहीं था। शास्त्रीजी ने आगे बढ़ते हुए कहा– “अब आप अपनी बात से पीछे हट रहे हैं।” दुकानदार बोला– “मैं इतनी महंगी घड़ी नहीं तोड़ सकता” और फिर वह अपनी बात पर अड़ गया।

क्रोध से भरी भीड़ ने उस दुकान में आग लगा दी। वह दुकानदार दुकान छोड़कर भाग गया। ललिता जी को दुकान के जलने का दुःख था, लेकिन साथ ही इस बात की खुशी भी थी कि धूर्त व मक्कार को चलो सबक तो मिला। इसके बाद तो ललिता देवी स्वतंत्रता आंदोलन से और भी अधिक जुड़ गईं।

1942 का आंदोलन

1942 का आंदोलन बहुत ही महत्त्व रखता है। इस आंदोलन का मुख्य नारा था, 'अंग्रेजो भारत छोड़ो', जो गांधीजी के नेतृत्व में किया गया था। इस आंदोलन का कारण यह था कि अंग्रेजी सरकार अपने वादे से पीछे हट गई थी। महात्मा गांधी लंदन गोलमेज सम्मेलन में भाग लेने गये थे और वहां से बिना किसी निर्णय के खाली हाथ लौटे थे। अंग्रेजों ने इस सम्मेलन में स्पष्ट कर दिया था कि वे भारत को आजाद नहीं करेंगे।

यह आंदोलन पूरी तरह से अहिंसक था और देश के हर कोने में इसका असर था। देश के सभी वर्गों के लोगों ने इस आंदोलन में भाग लिया था। अंग्रेजी सरकार किसी भी तरह से इस जनान्दोलन की नींव को हिला देना चाहती थी, लेकिन यह इतना आसान नहीं था क्योंकि देश का बच्चा-बच्चा जाग उठा था।

अंग्रेजी सरकार जब कूटनीति के प्रयोगों से इस जनान्दोलन का कुछ बिगाड़ न सकी तब आंदोलनकारियों पर लाठी चार्ज का हुक्म दे दिया। इससे बात न बनी तो गोलियां बरसाई गईं। इससे यह आंदोलन और भी अधिक उग्र हो गया, रेल की पटरियां उखाड़ दी गईं, टेलीग्राफ की लाइनें तोड़ दी गईं।

अंग्रेजी सरकार भी चुप नहीं रही। उसने कांग्रेस पार्टी को गैर-कानूनी ठहरा दिया, अकारण ही जगह-जगह गोलियां बरसाई जाने लगीं, जिससे निर्दोष लोग भी बेमौत मारे गये। कांग्रेस के नेता तो गिरफ्तार कर ही लिए गए, साथ ही साधारण कार्यकर्ता भी गिरफ्तार कर जेल में डाल दिए गये। लोग आजादी के लिए इतने आतुर थे कि 'जेल भरो' आंदोलन शुरू हो गया। इतनी जेलें कहां थीं कि पूरा जनसमूह उनमें समा सकता। करीब सवा लाख आंदोलनकारी गिरफ्तार कर जेल में डाल दिए गये। उस समय शास्त्रीजी बम्बई के कांग्रेस अधिवेशन में भाग लेने गए थे। सैनिकों ने उनके इलाहाबाद स्थित आवास पर छापा मारा, लेकिन वह उन्हें वहां नहीं मिले। शास्त्रीजी को पहले से ही इस बात का अंदेशा था कि सैनिक उनकी तलाश में हैं। वह किसी तरह से इलाहाबाद जानेवाली ट्रेन में छिपकर बैठ गए और इलाहाबाद से एक स्टेशन पहले ही गाड़ी से उतर गए तथा आनंद भवन की उपरी मंजिल पर छिपकर बैठ गए, कार्यकर्ताओं में उत्साह लाने के लिए वह वहां फोटोस्टेट पत्र तैयार करने में जुट गए। ऐसा नहीं था कि आनंद भवन अंग्रेज सैनिकों की निगाह में नहीं था। अंग्रेज सैनिकों ने आनंद भवन को चारों तरफ से घेर लिया।

भारत के प्रधानमंत्री

शास्त्रीजी ने ऐसे में बड़ी चतुराई से कार्यकर्ताओं से संबंधित गोपनीय दस्तावेज और उनके एड्रेस को बड़ी कुशलता से छिपा दिया। शास्त्रीजी यह सोचकर प्रसन्न थे कि अंग्रेज सैनिक अगर उपरी मंजिल तक आ भी गए तो वे अधिक-से-अधिक उन्हें गिरफ्तार ही करेंगे। उनकी नजर दस्तावेजों तक नहीं पहुंच सकेगी और यह करिश्मा ही हुआ कि सैनिक उपरी मंजिल तक नहीं आए।

वे विजयालक्ष्मी पंडित और कमला नेहरू को गिरफ्तार करके आनंद भवन से ले गए।

शास्त्रीजी अपनी योजना में सफल रहे और गिरफ्तार होने से बाल-बाल बच गए। शास्त्रीजी की यह हार्दिक इच्छा थी कि वह आंदोलनकारियों का उत्साह बढ़ाने का कार्य तब तक करते रहें जब तक जेल से कांग्रेस के जिम्मेदार नेताओं की रिहाई नहीं हो जाती। हुआ भी यही, जेल से बाहर रहकर उन्होंने देश सेवा के कार्य को बखूबी अंजाम दिया। वह गांव-गांव, कस्बा-कस्बा, जा-जाकर कार्यकर्ताओं के बीच भाषण देते और गांधी एवं नेहरू की क्या इच्छा है, सबको सुनाते फिरते। शास्त्रीजी के इन प्रयासों से जन-जन में क्रांति की चिंगारी भड़क उठी।

शास्त्रीजी ने देशहित के लिए क्या नहीं किया— वेश बदला— कभी किसान का वेश तो कभी मजदूर का वेश तो कभी ड्राइवर का वेश तो कभी जमादार का वेश, उन्होंने धारण किया और कार्यकर्ताओं को संबोधित किया । जब उन्हें इस बात की तसल्ली हो गई कि उन्होंने अपना मकसद पूरा कर लिया तो फिर उन्होंने गिरफ्तार होने का निर्णय कर लिया।

उन्होंने कुछ रोज पहले ही यह एलान कर दिया कि इलाहाबाद स्थित मुहम्मद अली पार्क में एक आम सभा को संबोधित करेंगे। धीरे-धीरे यह खबर आम जनता को भी मालूम हो गयी। बेशुमार भीड़ उस पार्क में जमा हो गई, सैनिकों को भी इस बात की भनक पहले से ही थी। शास्त्रीजी जैसे ही सभा को संबोधित करने के लिए पार्क में पहुंचे, तभी पुलिस वहां आ गई और उन्हें गिरफ्तार कर लिया। उन्हें इलाहाबाद के नैनी जेल में डाल दिया गया।

जेल का गलत खान-पान शास्त्रीजी को हजम नहीं हो सका। वह कुपोषण के शिकार हो गए। उनका स्वास्थ्य एकदम से गिर गया और उनके दांत भी खराब होकर टूटने लगे और इस कदर टूटे कि उन्हें बाद में नकली दांतों का सेट लगवाना पड़ा। इस दौरान शास्त्रीजी के परिजनों को बहुत ही दुख झेलना पड़ा। इनकी पत्नी तथा बच्चे भी धनाभाव के कारण कुपोषण के शिकार हो

गए। ललिता देवी क्षय रोग के कारण अस्वस्थ रहने लगीं। शास्त्री जी का एक बच्चा इतना बीमार पड़ गया कि उन्हें 'पैरोल' पर उसको देखने के लिए आना पड़ गया। शास्त्रीजी बच्चे को देखकर काफी उदास हो गए और अधिकारियों से आग्रह किया कि उन्हें बच्चे के ठीक होने तक बाहर ही रहने दिया जाए, अधिकारी उनकी बात मान तो गए पर साथ ही यह शर्त रख दी कि वे बाहर रहकर राजनीतिक गतिविधियों में भाग नहीं लेंगे। शास्त्रीजी जी धर्मसंकट में पड़ गए। वह एक सच्चे गांधीवादी थे और देश को पूरी तरह से समर्पित थे। उनके लिए यह शर्त मानना बिल्कुल ही असंभव था। वह स्वीकृति में सिर कैसे हिलाते। वह चुपचाप पुन: जेल वापस आ गए। इस घटना से यह जाहिर हो जाता है कि शास्त्रीजी के लिए व्यक्तिगत हित से बढ़कर देश हित था।

शास्त्रीजी की देशभक्ति से प्रभावित होकर कुछ पड़ोस के लोगों ने उनके बीवी-बच्चों की देखभाल की जिम्मेदारी अपने ऊपर ले ली, लेकिन उनकी पत्नी ललिता देवी के स्वास्थ्य में कोई खास सुधार नहीं हुआ क्योंकि वह शास्त्रीजी को लेकर काफी दु:खी थीं। शास्त्रीजी दो वर्षों के बाद कारावास से लौटे तब कहीं जाकर ललिता देवी के स्वास्थ्य में सुधार होना शुरू हुआ।

स्वतंत्रता मिलने के उपरान्त

स्वतंत्रता मिलने के बाद पंडित गोविन्द बल्लभ पंत उत्तर प्रदेश के मुख्यमंत्री बने और शास्त्रीजी पुलिस एवं यातायात मंत्री बने। उन्होंने इस पद पर रहकर पुलिस की छवि को सुधारा तथा गांवों तक बस सेवा का विस्तार किया। इसका लाभ किसानों तथा व्यापारियों को मिला। शास्त्रीजी स्त्री-पुरुष में कोई भेद नहीं मानते थे, इसलिए महिलाओं को उन्होंने नौकरी करने के लिए प्रेरित किया और कुछ महिलाएं बस-कंडक्टर भी बनीं। अपने कार्यों से वह शीघ्र ही एक योग्य, कुशल व लोकप्रिय मंत्री बन गए। ऐसा नहीं था कि मंत्री बनने के बाद उनकी सादगी में कोई बदलाव आया। उनका जीवन सादगीपूर्ण ही रहा, लेकिन वह अधिक समय तक राज्य सरकार में नहीं रह पाए क्योंकि पंडित नेहरू शास्त्रीजी से बहुत ही प्रभावित थे और जब पंडित नेहरू प्रथम प्रधानमंत्री बने तो उन्हें शास्त्रीजी का स्मरण हो आया। पंडित नेहरू ने उन्हें दिल्ली बुलाया तथा 1951 में उन्हें कांग्रेस पार्टी का महासचिव बना दिया। यह पद उन्हें अपनी संगठनात्मक क्षमताओं के

कारण ही मिला था। पंडित नेहरू शास्त्रीजी की क्षमताओं एवं कर्त्तव्यनिष्ठा से वाकिफ़ थे।

1952 में देश में आम चुनाव होने को हुआ तो पंडित नेहरू ने शास्त्रीजी की ईमानदारी व कर्त्तव्य निष्ठा को देखते हुए टिकट वितरण का कार्य आंख बंदकर उन्हें ही सौंप दिया। पंडित नेहरू के मन में शास्त्रीजी के लिए बेहद सम्मान था। उन्हें पता था कि शास्त्रीजी इस कार्य को बखूबी अंजाम देंगे और टिकट वितरण का कार्य पूरी ईमानदारी के साथ बिना भेदभाव के करेंगे।

चुनाव की तैयारी तथा प्रचार-प्रसार का कार्य भी उन्होंने शास्त्रीजी को सौंपा। मजे की बात यह कि शास्त्रीजी ने टिकट बांटने का कार्य स्वयं किया, लेकिन खुद के लिए टिकट की मांग नहीं की। शास्त्रीजी तो शास्त्री जी थे, वह पार्टी के महासचिव बनकर ही खुश थे। उनके मन में किसी भी तरह का लोभ नहीं था। ऐसा भी नहीं था कि पंडित नेहरू को देश प्रबंधन में शास्त्रीजी की जरूरत नहीं थी। वह तो सबको यह बताना चाहते थे कि लोक सभा चुनाव का टिकट शास्त्रीजी जैसे विश्वासपात्र को भी नहीं मिला है। शास्त्रीजी को लेकर पंडित नेहरू के मन में कुछ और ही था। उन्होंने शास्त्रीजी से राज्य सभा का सदस्य बनने के लिए नामांकन भरवा दिया। शास्त्रीजी राज्य सभा में निर्वाचित हो गए। शास्त्री जी के मन में भी पंडित नेहरू के लिए अपार श्रद्धा थी और वह उनका हर आदेश मानने को तैयार रहते थे। शास्त्रीजी की ईमानदारी को देखते हुए उन्हें रेल और यातायात विभाग का कैबिनेट मंत्री पद मिल गया। शास्त्रीजी ने इस पद पर रहते हुए अतिरिक्त रेल लाइनों, रेल कारखानों एवं रेल कर्मचारियों की नियुक्ति संबंधी योजनाओं पर विस्तार से काम किया। शास्त्रीजी गांधीवादी थे। इसलिए तृतीय श्रेणी के यात्रियों की सुविधाओं का सर्वाधिक ख्याल रखा और इस क्षेत्र में कई उल्लेखनीय कार्य किए, जिससे भारतीय रेल की शाख स्थापित हो गई।

लेकिन दुर्भाग्यवश 1955 में दक्षिण भारत में 'अरियाल' के समीप रेल दुर्घटना हो गई, जिसमें 150 से भी अधिक लोग मारे गए। शास्त्रीजी को बहुत गहरा धक्का लगा और उन्होंने नैतिक मूल्यों के आधार पर इस पद से इस्तीफा दे दिया, जबकि नेहरू सहित अन्य नेताओं ने उन्हें इस्तीफा देने से रोका। शास्त्रीजी नहीं माने, उनका निर्णय अटल था।

इसके बाद शास्त्रीजी पुनः पार्टी के रचनात्मक कार्यों में तन-मन से लग गए। पंडित नेहरू शास्त्रीजी की एकनिष्ठता के कायल थे। वह ही एक ऐसे व्यक्ति थे, जिस पर पंडित नेहरू आंख बंदकर विश्वास कर सकते थे। इस्तीफा देने के बाद शास्त्रीजी की लोकप्रियता और बढ़ गयी। शास्त्रीजी उसूलों वाले थे और कभी उसूलों के खिलाफ नहीं जाते थे। तभी तो 1957 के आम चुनावों का कार्यभार पंडितजी ने शास्त्री के कंधों पर डाल दिया। शास्त्रीजी ने जी तोड़ मेहनत की और पार्टी को 1952 के आम चुनावों से भी अधिक सफलता मिली। कांग्रेस के लगभग सभी नेताओं ने लाल बहादुर शास्त्री की मेहनत की सराहना की। 1957 के आम चुनाव में शास्त्रीजी ने भी इलाहाबाद संसदीय क्षेत्र से चुनाव लड़ा था। उन्हें भारी मतों से विजयश्री मिली थी। इस बार शास्त्रीजी को केबिनेट-मंत्री के रूप में यातायात विभाग मिला। पंडित नेहरू शास्त्रीजी की योग्यता से वाकिफ़ थे। वह उनकी योग्यता का इस्तेमाल विशेष कार्यों के लिए करना चाहते थे। उन्हें जल्दी ही उद्योग और वाणिज्य मंत्रालय मिल गया। शास्त्रीजी ने उद्योगों के विकास पर उचित ध्यान दिया और उद्योग एवं वाणिज्य के क्षेत्र में काफी विकास हुआ।

शास्त्रीजी की कर्तव्यनिष्ठा को देखते हुए 1961 में पंडित नेहरू ने उन्हें गृहमंत्री का पद सौंप दिया। उन दिनों भाषाई समस्या से कई प्रदेश जूझ रहे थे। अहिन्दी भाषी प्रदेश हिन्दी को राजभाषा मानने के लिए तैयार न थे। असम में बंगालियों तथा असमियों के बीच भाषाओं को लेकर झगड़े होते ही रहते थे। शास्त्रीजी के लिए भाषाई मतभेद को दूर करना एक चुनौती पूर्ण कार्य था। शास्त्रीजी ने त्रि-सूत्रीय भाषा के सिद्धांत को लागू करने का निश्चय किया, जिसके अंतर्गत अंग्रेजी, राजभाषा हिन्दी और एक क्षेत्रीय भाषा को पढ़ना अनिवार्य हो गया। शास्त्री जी के इस त्रि-सूत्रीय भाषा के सिद्धांत से भाषाई समस्या काफी हद तक हल हो गई, लेकिन शास्त्रीजी गृहमंत्री पद पर अधिक समय तक नहीं रह सके, जिससे यह सिद्धांत पूरी तरह से कारगर साबित नहीं हो सका। यह 1963 की बात है, उन दिनों कांग्रेस अध्यक्ष कामराज थे। कामराज ने पंडित नेहरू के इशारे पर मंत्रियों के सामने एक प्रस्ताव रखा कि वे सब अपना इस्तीफा प्रधानमंत्री को दे दें, जिससे मंत्रिमंडल में फेरबदल हो सके। शास्त्रीजी ने भी गृहमंत्री के पद से इस्तीफा दे दिया। इसके बाद शास्त्रीजी को मंत्रिमंडल में नहीं लिया गया। सभी मंत्रियों से इस्तीफा लेने का संभवतः कारण यही था कि पंडित नेहरू का पार्टी और मंत्रिमंडल पर विश्वास

पहले की तरह नहीं रह गया था। चीन युद्ध में हार की वजह से पंडित नेहरू की छवि धूमिल पड़ गई थी। मंत्रिमंडल में या फिर पार्टी में पंडित नेहरू के खिलाफ एक गुट बन गया था। पंडित नेहरू ने मंत्रियों से इस्तीफा लेकर मंत्रिमंडल में अंसतुष्ट नेताओं को जगह देकर उनका मुंह बंद करने का एक प्रयास किया था।

पंडित नेहरू उन दिनों पूरी तरह से स्वस्थ भी नहीं थे। चीन के विश्वासघात से वह अंदर-ही-अंदर टूट-बिखर से गये थे। ऐसे में उन्हें शास्त्री जी के साथ की जरूरत महसूस हुई और बिना पद या विभाग के ही शास्त्री जी मंत्रिमंडल में शामिल कर लिए गए। उनका कार्य बस यही था कि वह सरकारी कार्यो में पंडित नेहरू का सहयोग करते थे, उन्हें सभी मामलों में सलाह देते थे। यह कहना गलत न होगा कि शास्त्रीजी पंडित नेहरू की इज्जत करते थे और पंडित नेहरू भी शास्त्रीजी से स्नेह करते थे। उन दोनों में आपस का रिश्ता बहुत ही मधुर व अनोखा था। शास्त्रीजी का साथ पंडित नेहरू को तब तक मिलता रहा जब तक 27 मई 1964 में उनका स्वर्गवास नहीं हो गया।

प्रधानमंत्री के पद पर शास्त्रीजी

पंडित नेहरू के निधन के बाद कांग्रेस पार्टी में नेता को लेकर संकट गहरा गया। नेता का चुनाव इतना आसान भी नहीं था। इसलिए कुछ समय के लिए गुलजारी लाल नंदा को कार्यकारी प्रधानमंत्री बना दिया गया। उन दिनों कांग्रेस पार्टी में 'सिंडिकेट' गुट का बोलबाला था। कामराज उस गुट के नेता थे और पार्टी अध्यक्ष भी थे। सिंडिकेट गुट शास्त्रीजी को प्रधानमंत्री पद के लिए सही मानता था। सर्व सहमति भी लाल बहादुर शास्त्री के नाम पर बन गई, तभी मोरारजी देसाई ने भी प्रधानमंत्री पद के लिए अपनी दावेदारी रख दी, लेकिन पार्टी अध्यक्ष कामराज प्रधानमंत्री पद के लिए चुनाव कराना नहीं चाहते थे। कामराज ने सांसदों से बातचीत कर यह घोषणा कर दी कि बहुमत शास्त्रीजी के साथ है। शास्त्रीजी वास्तव में ही सरल और उदार हृदय के व्यक्ति थे और उनका संबंध हर किसी से सहज ही था। मोरारजी को हारकर अपनी दावेदारी छोड़ देनी पड़ी। फिर शास्त्रीजी सर्वसम्मति से प्रधानमंत्री पद के लिए चुने गए।

2 जून 1964 को शास्त्रीजी को प्रधानमंत्री पद की शपथ दिलाई गई। प्रधानमंत्री के पद पर आसीन होने के बाद शास्त्रीजी ने सबकी भागीदारी पर बल दिया। यह कहना गलत नहीं कि पंडित नेहरू की तरह उनका व्यक्तित्व

नहीं था, जिससे वे मंत्रिमंडल में अपना दबदबा बना न सके। हां, उन्होंने इतना जरूर किया कि श्रीमती इंदिरा गांधी को सूचना एवं प्रसारण मंत्री के पद पर अवश्य ही बैठा दिया। शास्त्रीजी के इस निर्णय पर किसी ने भी एतराज नहीं किया। वैसे भी इंदिरा जी कांग्रेस पार्टी की सफल अध्यक्षा रह चुकी थीं।

यह कहा जा सकता है कि शुरुआती दौर में प्रधानमंत्री के रूप में शास्त्रीजी ने कोई खास प्रभाव नहीं छोड़ा। शास्त्री जी कोई भी महत्त्वपूर्ण निर्णय नहीं ले सके। सिंडिकेट उनसे जो कहता था, वह वही करते थे। पंडित नेहरू के प्रधानमंत्रित्व काल में शास्त्रीजी ने जिस ढंग से कार्य किया, उनके निधन के बाद प्रधानमंत्री के पद पर बैठकर वह कोई भी करिश्मा नहीं कर सके। कुछ लोगों का यहां तक कहना था कि शास्त्रीजी ने जो कुछ किया पंडित नेहरू की सूझ-बूझ से किया। पंडित नेहरू एक ऐसे तारा थे, जिनसे रोशनी लेकर शास्त्रीजी चमके।

पंडित नेहरू के दौर में जो भी समस्याएं अंदर-ही-अंदर सुलग रही थीं, शास्त्रीजी के प्रधानमंत्री बनते ही वे शोला बनकर धधकने लगीं। पंजाब में 'सिख-आंदोलन' भड़क उठा और दिन-पर-दिन बढ़ता ही गया। महाराष्ट्र में विदर्भ का मसला खड़ा हो गया, भाषाई समस्या उभर गई। सरकार के पास इससे निपटने के लिए कोई नीति नहीं थी। सरकार को हिन्दी और अहिन्दी दोनों भाषियों के क्रोध को झेलना पड़ा। मानसून पर आधारित खेती का बुरा हाल था, चारों तरफ सूखा पड़ गया था। सरकार अन्न का भंडारण पर्याप्त मात्रा में नहीं कर सकी थी, जिससे देश में खाद्यान्न की कमी हो गई। राज्यों के नेता मनमानी करने लगे और जिस राज्य में अधिक पैदावार हुई थी, उस राज्य ने सहयोग नहीं किया।

शास्त्रीजी ऐसे में काफी असमंजस में पड़ गए और खाद्य व्यापार निगम का गठन किया, साथ ही 'हरित क्रांति योजना' की शुरुआत की ताकि देश अनाज के मामले में आत्मनिर्भर हो सके।

शास्त्रीजी ने कृषि और कृषकों के लिए कई कदम उठाए।

शास्त्रीजी सहज प्रवृत्ति के व्यक्ति थे और किसी भी विभाग के कार्य में अनावश्यक रूप से दखल देना ठीक नहीं मानते थे, लेकिन उनकी इस उदारता को उनकी कमजोरी ही माना गया। यहां यह कहना भी आवश्यक होगा कि पंडित नेहरू के व्यक्तित्व की तरह शास्त्रीजी का व्यक्तित्व नहीं था। पंडित नेहरू के आभा मंडल के आगे मंत्रिमंडल ही नहीं, पूरा देश झुकता था। यही

वजह थी कि शास्त्री जी को अपने शुरुआती प्रधानमंत्रित्व काल में कोई खास उपलब्धि नहीं मिली। वह एक ऐसे प्रधानमंत्री थे कि अपने ही मंत्रिमंडल पर उनका कोई नियंत्रण नहीं था। 1965 से पहले शास्त्रीजी एक बहुत ही कमजोर प्रधानमंत्री साबित हुए थे।

किस्मत ने खायी पलटी

सन् 1965 की दस्तक होते ही शास्त्रीजी की किस्मत में बदलाव होता नजर आया। 1965 के अगस्त-सितंबर में भारत का पाकिस्तान से अचानक ही युद्ध छिड़ गया। हमला पाकिस्तान ने ही किया था और इस गलतफहमी में था कि 1962 के चीनी युद्ध में परास्त भारत की सैन्य शक्ति में कोई दम नहीं है और उसे चुटकियों में ही परास्त किया जा सकता है। शास्त्रीजी के साथ शायद प्रकृति भी थी और भाग्य भी था। जुझारूपन व दृढ़ता का परिचय देते हुए उन्होंने सेनाधिकारियों का आत्मबल बढ़ाया। शास्त्रीजी का यह नया रूप था, जो उन पर हावी हो गया था। वह युद्ध के मोर्चे तक पहुंच गए और अधिकारियों से कहा कि वे डटकर मुकाबला करें। पाकिस्तान को मुंह की खानी पड़ी। पाकिस्तान की थल व वायु सेना पूरी तरह से नष्ट हो गई। भारतीय सैनिकों ने हाजी पीर दर्रे को अपने कब्जे में कर लिया, फिर वे पाकिस्तान में दाखिल होने के लिए आगे बढ़ गए। भयभीत और डरा हुआ पाकिस्तान तड़प उठा और अमेरिका तथा संयुक्त राष्ट्रसंघ से युद्ध रोकने की गुहार लगाने लगा।

भारत की सम्मानपूर्वक हुई जीत ने शास्त्रीजी के भाग्य को बदलकर रख दिया। दूसरों पर आश्रित और कमजोर कहा जाने वाला यह प्रधानमंत्री जननायक बन गया। इस युद्ध के बाद शास्त्रीजी को जो लोकप्रियता मिली और अपनी वीरता व कर्मठता का परिचय उन्होंने दिया, उससे वह पंडित नेहरू से भी अधिक प्रभावशाली आभामंडल वाले प्रधानमंत्री बन गए।

'जय जवान, जय किसान' का नारा उन्होंने क्या दिया, घर-घर का ही यह नारा बन गया। उनकी सारी खामियां इस युद्ध में मिली सफलता के सामने कहीं छुप गई और वह विलक्षण व्यक्तित्व के स्वामी बन गए।

भारत-पाक के मध्य जो जंग छिड़ी हुई थी, वह संयुक्त राष्ट्र सुरक्षा-परिषद के प्रस्ताव पर रोक दी गई। भारत को इस युद्ध से लाभ ही हुआ था।

अब शांति एवं संधि वार्ता के लिए पाक संयुक्त राष्ट्रसंघ से बार-बार अपील कर रहा था। उन दिनों सोवियत संघ के प्रधानमंत्री कोसीजीन थे।

कोसीजीन ने शास्त्रीजी तथा अयूब को ताशकंद शांति एवं संधि वार्ता की मेज पर आमंत्रित किया।

भारत की जनता को इस बात की उम्मीद थी कि ताशकंद समझौते के तहत भारत पूरे कश्मीर को पुन: प्राप्त कर लेगा। 10 जनवरी 1966 को ताशकंद में दोनों देशों ने सांझी वार्ता पर दस्तखत किए। इस संधि में उल्लेखित था कि भारत वह सारी भूमि छोड़ देगा जो उसने हासिल की हुई है, दोनों सेनाएं पुन: वहां वापस आ जाएं, जहां से युद्ध की शुरुआत हुई थी। सैनिकों की जान की कीमत पर प्राप्त हुई भूमि को पुन: वापस कर देने की बात भारतीय जनता को हजम न हुई। शास्त्रीजी ने ताशकंद से अपने शुभचिंतकों से फोन पर बात की और इस संधि को लेकर लोगों का क्या कहना है जानना चाहा। भारत की जनता में असंतोष था, जनता क्रोधित थी और मीडिया का कहना था कि हजारों सैनिकों की कुर्बानी से हासिल भूमि को यूं ही जाने दिया गया। शास्त्रीजी को टेलीफोन से सब कुछ मालूम हो गया। नरम दिल और निहायत ही सीधे-सादे स्वभाव के शास्त्रीजी को जबरदस्त धक्का लगा कि यह उनके हाथों क्या हो गया? यह सद्मा असहनीय था। शास्त्रीजी ताशकंद से भारत जीवित वापस न आ सके। उसी रात हृदय की गति क्या बढ़ी, 11 जनवरी की सुबह वह स्वर्गवासी हो गए। वह भारत वापस, एक शव के रूप में ही लाए गए। उनके शव को जिस जगह जलाया गया, उसका नाम 'विजय घाट' रखा गया।

शास्त्रीजी मात्र 19 माह के प्रधानमंत्रित्व काल में जन-जन के दिलों में सदा के लिए बस गए और आज भी सबके दिलों में जिंदा हैं।

3

इंदिरा गांधी

(1917–1984)

श्रीमती इंदिरा गांधी विश्व की राजनीति में अपना एक अलग ही नाम रखती हैं। किसी भी मुद्दे पर निर्णय लेने की क्षमता इनमें कूट-कूटकर भरी हुई थी। इन्हें 'आयरन लेडी' के नाम से भी जाना जाता है।

इंदिरा जी के पिता का नाम पंडित जवाहरलाल नेहरू था तथा इनके दादा का नाम पंडित मोतीलाल नेहरू था। इंदिरा जी का जन्म 19 नवंबर 1917 को इलाहाबाद स्थित आनंद भवन में हुआ था। इनकी माता का नाम कमला नेहरू था। पंडित मोती लाल नेहरू ने इनका नाम इंदिरा रखा था। पिता जवाहरलाल ने बच्ची इंदिरा का नाम प्रियदर्शिनी रखा। इन्हें बचपन में इंदु के नाम से भी बुलाया जाता था। पांच वर्ष की हो जाने पर भी इंदिरा की पढ़ाई-लिखाई की सही ढंग से व्यवस्था नहीं हो पायी थी। इंदिरा को घर पर ही पढ़ाने शिक्षक आता था। किसी स्कूल में अभी तक नाम नहीं लिखवाया गया था।

आनंद भवन उन दिनों क्रांतिकारियों का ठिकाना बन गया था। सारी राजनीतिक गतिविधियां वहीं से संचालित होती थीं, जिससे बच्ची इंदिरा के पढ़ने के लिए घर पर उचित माहौल नहीं था। मां कमला नेहरू अक्सर ही

बीमार रहती थीं, जिससे बच्ची इंदिरा के खान-पान पर भी कोई ध्यान देनेवाला नहीं था। इंदिरा ने किसी भी तरह से अंग्रेजी भाषा का अच्छा ज्ञान प्राप्त कर लिया।

पंडित नेहरू बच्ची इंदिरा की शिक्षा को लेकर चिंतित नहीं थे, ऐसा भी नहीं था, लेकिन देश सेवा के कारण वह इंदिरा पर ध्यान नहीं दे पा रहे थे। वह जेल से बच्ची इंदिरा को पत्र लिखा करते थे। उन पत्रों में पढ़ाई से संबंधित बातें ही अधिक होती थीं। देश-विदेश के इतिहास से भरे पत्र इंदिरा के नाम पंडित नेहरू लिखते थे। आगे चलकर यही पत्र 'पुत्री के नाम पिता के पत्र' के नाम से पुस्तक के रूप में प्रकाशित हुए। इन पत्रों को पढ़कर ही इंदिरा को इतिहास का ज्ञान हुआ और अंग्रेजी भाषा की भी अच्छी जानकारी हो गई।

इंदिरा के बचपन का प्रिय खेल गुड्डा-गुड़ियों का खेल था। इंदिरा को बचपन में ही समस्याओं से समझौता करने आ गया था। पंडित नेहरू का अधिकांश समय जेल में बीतता और बीमार मां अकसर ही अस्पताल के बेड पर होती। इंदिरा कुछ बड़ी हुई तो उसने भी खद्दर की पोशाकें खुद के लिए पसंद कर लीं।

इंदिरा का जीवन शुरू से ही एकाकी रहा, भीड़ में रहकर भी वह सदा अकेली ही रहीं। बात 1931 की है– इंदिरा की उम्र यही कोई 14 साल की थी। पंडित नेहरू जेल में थे। एक दिन कमला नेहरू को भी पुलिस गिरफ्तार करके ले गई। इंदिरा बिलकुल ही अकेली पड़ गई। इंदिरा अपने दादा मोतीलाल नेहरू की लाडली थी और पंडित मोतीलाल नेहरू को इंदिरा भी बहुत प्यार करती थी। दादा-पोती के बीच अटूट रिश्ता था। अब इंदिरा इतने बड़े आनंद भवन में एकदम अकेली पड़ गई। उससे बात करनेवाला कोई नहीं था।

उन्हीं दिनों इंदिरा के मन में एक विचार आया कि क्यों न वह कुछ ऐसा करे कि टाइम भी पास हो जाए तथा अकेलेपन से डर भी न लगे। मन में यह विचार आते ही बच्ची इंदिरा ने मुहल्ले के बच्चों को इकट्ठा कर भाषण देने की रिहर्सल करना शुरू कर दी। यह विचार उसके मन में इसलिए आया क्योंकि उसने अपने पिता व अन्य कार्यकर्ताओं को भीड़ जमाकर भाषण देते हुए देखा था। बच्चे वही करते हैं, जो शुरू से देखते-सुनते हैं। भाषण देते समय इंदिरा भी खद्दर का कुर्ता-पाजामा पहनती और सिर पर गांधी टोपी रखती। यह कहना गलत न होगा कि इंदिरा का बचपन संघर्षों में बीत रहा था। वह समस्याओं के बीच रहकर धीरे-धीरे बड़ी हो रही थी। संघर्षों और समस्याओं

से खेलना उसने छोटी उम्र में ही सीख लिया, जो आगे-चलकर बहुत काम आया। इंदिरा बचपन से ही मेधावी, चतुर और तीव्र बुद्धि की थी। इंदिरा किशोरावस्था में आई तो और भी अधिक प्रखर हो गई। उसने स्वयं एक वानर-सेना का निर्माण किया और इस सेना का हनुमान स्वयं इंदिरा थी। इंदिरा की वानर-सेना स्वतंत्रता सेनानियों के बहुत काम आई। गुप्त सूचनाओं को सही जगह पहुंचाने, सूचना-पत्रों का वितरण करने आदि कार्यों में वानर-सेना ने अभूतपूर्व योगदान दिया। इसके पांच हजार से भी अधिक सदस्य थे।

छात्र जीवन

1931 की शुरुआत में ही अस्वस्थता के कारण पंडित मोतीलाल नेहरू का अचानक ही निधन हो गया। उन दिनों इंदिरा 14 साल की थी। इंदिरा अपने दादा के बहुत करीब थी। पंडित मोतीलाल नेहरू इंदिरा का बहुत ही ख्याल रखा करते थे। इंदिरा को अपने दादा से बिछुड़ने का बहुत ही दुःख हुआ और इस सदमे से बाहर आने में उसे काफी वक्त लगा।

पंडित नेहरू ने ऐसे में इंदिरा को बहुत संभाला और 1932 में पूना की एक प्रतिष्ठित संस्था 'प्यूपिल्स ओन स्कूल' में दाखिला दिलवा दिया। उसका दाखिला सातवीं कक्षा में ही हो सका। 15 साल की एक लड़की का दाखिला सातवीं कक्षा में होना एक आश्चर्यजनक बात थी, लेकिन इसमें आश्चर्य कैसा? उसका पूरा परिवार ही स्वतंत्रता के आंदोलन का सिपाही था। यह सोचने की फुर्सत ही नहीं मिली कि घर में एक बच्ची भी है और उसकी शिक्षा पर ध्यान दिया जाए।

इंदिरा एक प्रखर बुद्धिवाली लड़की थी, पढ़ने में उसने कोई कोताही नहीं की। उसने अपने भाषा-ज्ञान में वृद्धि की। पाठ्य-पुस्तकों का विधिवत् अध्ययन किया, भाषण देने में भी वह निपुण ही रही। इस तरह उसने 1934 में दसवीं कक्षा पास कर ली। उसने छात्र-छात्राओं को जतला दिया कि इच्छा-शक्ति हो तो व्यक्ति किसी भी उम्र में कुछ भी कर सकता है और इंदिरा ने करके दिखाया भी। इसके बाद इंदिरा ने बंबई विश्वविद्यालय से मैट्रिकुलेशन की परीक्षा भी पास की। पंडित नेहरू की इच्छा थी कि इंदिरा को ऐसी शिक्षा मिले कि वह भारतीय संस्कृति को अच्छी तरह से जान-समझ सके। उन दिनों लड़कियों के लिए कॉलेज न के बराबर ही थे और लड़कियां उन दिनों पढ़ती भी नहीं थीं।

इन सब बातों का ध्यान रखते हुए पंडित नेहरू ने इंदिरा के लिए शांति निकेतन को चुना और वहां पर बड़ी सुगमता से इंदिरा का दाखिला हो गया।

इंदिरा ने शांति निकेतन के माहौल के अनुरूप स्वयं को ढाल लिया। इंदिरा की यह एक खास विशेषता थी। वह बचपन से ही अनुशासनप्रिय थी। खद्दर की साड़ी में नंगे पांव रहना उसे तनिक भी नागवार तनिक न गुजरा। वह खुद भी आश्रम के नियमों का पालन करती तथा औरों से भी नियम का पालन करने के लिए कहती। गुरुदेव टैगोर इंदिरा से विशेष स्नेह उसकी इन्हीं खूबियों के कारण रखते थे। पढ़ाई के साथ-साथ इंदिरा की रुचि गुरुदेव ने कला के प्रति भी बढ़ाई तथा मणिपुरी नृत्य भी सीखने के लिए प्रेरित किया। इंदिरा ने दिन-रात एक कर नृत्य में विशेष निपुणता प्राप्त कर ली। इंदिरा को शांति निकेतन का खुशगवार वातावरण बहुत पसंद आ रहा था। वह यहां ज्यादा-से-ज्यादा समय रहना चाहती थीं, लेकिन भाग्य अंदर-ही-अंदर दूसरा खेल-खेल रहा था। पिता पंडित नेहरू जेल में थे और माता कमला नेहरू टी. बी. से पीड़ित थीं और दिन-प्रतिदिन उनकी तबीयत बिगड़ती ही जा रही थी। जेल से ही पंडित नेहरू ने शांति निकेतन, इंदिरा को तार भेजा। इंदिरा को पढ़ाई के साथ-साथ शांति निकेतन के सुखद माहौल को भी छोड़ना पड़ गया और वह इलाहाबाद के लिए प्रस्थान कर गई। माता कमला नेहरू के गिरते स्वास्थ्य को देखकर इंदिरा की आंखें भर आई। इंदिरा मां की सेवा-सुश्रुषा में जुट गई, लेकिन पल-पल उनकी हालत बिगड़ती ही चली गई। कोई भी दवा उन पर असर नहीं कर रही थी। मई 1935 में इंदिरा डॉ. मदन अटल के साथ मां कमला नेहरू को लेकर जर्मनी आ गई।

कमला नेहरू का इलाज यहां होने लगा। इंदिरा को अपनी मां से गहरा लगाव था। वह दिन-रात उनकी सेवा में लगी रहतीं। लंदन के 'स्कूल ऑफ इकोनॉमिक्स' में फिरोज गांधी पढ़ रहे थे। इंदिरा से उनका परिचय पहले से ही था। फिरोज को पता चला कि इंदिरा जर्मनी में ही रहकर मां का इलाज करवा रही हैं तो वह भी कमला जी की देखभाल में अपना योगदान देने के लिए जर्मनी आने-जाने लगे। कमला नेहरू के चलते ही फिरोज स्वतंत्रता-आंदोलन में इलाहाबाद से ही सक्रिय हुए थे। फिरोज कमला जी को मां के समान मानते थे। कमला जी भी उन्हें बेटे के समान प्यार करती थीं। यह वही पल है जब इंदिरा और फिरोज एक दूजे के करीब आए। इंदिरा की उम्र उन दिनों यही कोई 18 साल की थी। उन्हीं दिनों सितंबर के पहले हफ्ते में पंडित नेहरू जेल से रिहा हुए तथा सीधे जर्मनी जा पहुंचे। पिता को देखकर इंदिरा के मन को

काफी तसल्ली मिली तथा कमला नेहरू के चेहरे पर भी प्रसन्नता तैर आई, लेकिन यह प्रसन्नता बाहरी तौर पर थी क्योंकि उनके स्वास्थ्य में कोई सुधार नहीं हो सका। उन दिनों टी.बी. की कोई दवा नहीं थी।

नेहरू जी कमला जी को लेकर स्वीटजरलैंड आ गए। इंदिरा और डॉ. अटल भी उनके साथ थे, लेकिन यहां आने के बाद भी कमला जी को टी.बी. रोग से राहत नहीं मिली और फरवरी (1936) के अंत में उन्होंने देह का त्याग कर दिया। वह स्वर्ग सिधार गईं। इंदिरा के सिर पर से मां का साया उठ गया, फूट-फूटकर रो पड़ीं। तब इंदिरा मात्र 19 साल की थी। इंदिरा इसके बाद बहुत अकेली पड़ गई। नेहरू जी का कोई भरोसा नहीं था वह या तो जेल में होते या राजनीतिक कार्यों में व्यस्त रहते। इंदिरा के लिए उनके पास तो समय ही नहीं था। इंदिरा कुछ अधिक ही तनाव में रहने लगीं तब नेहरू जी उन्हें कई मनोहारी और प्राकृतिक स्थानों पर ले गए। मृत्यु दुनिया का सबसे बड़ा सत्य है और इंदिरा ने भी इस सत्य को धीरे-धीरे समझ लिया। वह कुछ संभलीं तो पंडित नेहरू ने उच्च शिक्षा के लिए इंदिरा का दाखिला ऑक्सफार्ड विश्वविद्यालय में करवा दिया।

इंदिरा देश सेवा का अर्थ बचपन से ही जानती थीं और देश की आन एवं आजादी के लिए अपने दादा, पिता एवं मां को सब-कुछ न्यौछावर करते देखा था, जिससे वह किसी स्वतंत्रता सेनानी से रत्ती-भर भी कम नहीं थीं।

ऑक्सफोर्ड विश्वविद्यालय में पढ़ते समय भी वह देश सेवा को लेकर ही चिंतित रहीं। लंदन में 'इंडिया लीग' भारत की आजादी के लिए लड़ रही थी। इंदिरा ने इस संस्था की गतिविधियों में रुचि लेनी शुरू कर दी। इसी दौरान इंदिरा की मुलाकात कृष्ण मेनन से हुई। कृष्ण मेनन पंडित नेहरू के परम मित्रों में से एक थे।

इंदिरा लंदन उच्च शिक्षा के लिए गई थीं, लेकिन उच्च शिक्षा ग्रहण नहीं कर सकीं और 1941 की शुरुआत में वापस भारत आ गई। उन्हें ऑक्सफोर्ड की डिग्री नहीं मिली।

वैवाहिक जिंदगी

सात वर्षों तक इंदिरा और फिरोज गांधी का आपस में प्रेमवत व्यवहार चला, फिर उन्होंने विवाह करने का मन बनाया, लेकिन इंदिरा को इस बात का शक था कि पिता पंडित नेहरू इस रिश्ते के लिए तैयार नहीं होंगे। फिरोज

के सामने ऐसी कोई समस्या नहीं थी क्योंकि उनके घर वालों की तरफ से ऐसी कोई मनाही नहीं थी। यदि मां कमला नेहरू आज होतीं तो इंदिरा का विवाह आसान हो सकता था क्योंकि वह फिरोज को जानती थीं और अपना बेटा मानती थीं। अब पंडित नेहरू से जाकर कहा कैसे जाए। फिरोज में इतनी हिम्मत नहीं थी कि वह शादी का प्रस्ताव लेकर पंडित नेहरू के सामने जाएं। फिरोज ने इंदिरा से ही आग्रह किया कि वह पंडितजी से स्वयं बात करें। इंदिरा ने संकोच करते हुए नेहरूजी से बात की। नेहरूजी यह सुनकर गुस्से से भड़क उठे। नेहरूजी ने तो ऐसा सोचा भी नहीं था। नेहरूजी का विवाह पारंपरिक रीति से ही हुआ था। पंडित मोतीलाल ने लड़की पसंद की और नेहरूजी ने शादी कर ली। यह कहना गलत न होगा कि शादी-विवाह के मामले में पंडितजी का विचार पारंपरिक ही था। नेहरूजी ने इंदिरा को समझाते हुए कहा कि वह इस विवाह का मोह छोड़ दे, लेकिन इंदिरा ने उनकी एक न सुनी। वह अपना फैसला बदलने वाली नहीं थीं। हार मानकर नेहरूजी ने कहा कि वह गांधीजी से इस विषय में बात करें। गांधीजी जो कहेंगे, वह उसे स्वीकार कर लेंगे।

इंदिरा को महात्मा गांधी बचपन से ही जानते थे और अपार स्नेह भी रखते थे। इंदिरा ने गांधीजी से बात की तो वह इस विवाह के लिए तैयार नहीं हुए। यहां यह बताना आवश्यक है कि महात्मा गांधी भी हिन्दू वर्ण-व्यवस्था का सम्मान करते थे और कई ऐसी बातें थीं, जिससे गांधीजी ने इस विवाह का विरोध किया, फिरोज गांधी इंदिरा से उम्र में बड़े थे। उनका धर्म, जाति, स्तर सब इंदिरा से भिन्न था। गांधीजी का मानना था कि यह विवाह हो भी गया तो कब तक बना रहेगा इसकी कोई गारंटी नहीं। महात्मा गांधी ने अनेक बातों का हवाला देते हुए इंदिरा को समझाया, पर हठी इंदिरा नहीं मानीं। फिर गांधीजी ने हिन्दू रीति-रिवाज से सादगीपूर्ण ढंग से विवाह करने की इजाजत दे दी।

इंदिरा-फिरोज का विवाह 26 मार्च 1942 को संपन्न हो गया। उस समय इंदिरा लगभग 24 साल की थीं। कश्मीर में उन्होंने हनीमून मनाया। इसके बाद इंदिरा राजनीतिक कार्यों में धीरे-धीरे व्यस्त होती चली गईं। 10 सितंबर 1942 को इंदिरा को कैद कर नैनी जेल में डाल दिया गया। फिरोज गांधी भी नैनी जेल में ही कैद कर डाले गए थे। श्रीमती इंदिरा गांधी लगभग नौ माह तक नैनी जेल में रहीं। 13 मई 1943 को उन्हें रिहा कर दिया गया। इंदिरा जी कठोर

वातावरण में रहकर काफी अस्वस्थ हो गई थीं। आनंद भवन में आने के बाद उनका इलाज हुआ, धीरे-धीरे वह पूरी तरह से स्वस्थ हो गई।

फिरोज गांधी के जेल से आने के बाद इंदिरा जी उनके साथ बम्बई स्थित अपनी बुआ के घर आ गई और उनके साथ ही रहने लगीं। 20 अगस्त 1944 को राजीव का जन्म यहीं पर हुआ। राजीव के जन्म के बाद इंदिरा जी वापस इलाहाबाद आ गईं। फिरोज गांधी आनंद भवन के राजनीतिक वातावरण में ज्यादा दिनों तक नहीं रह सके और लखनऊ से छपने वाले अंग्रेजी अखबार 'नेशनल-हेराल्ड' में मैनेजिंग डायरेक्टर के रूप में कार्य करने लगे। इंदिरा जी भी उनके साथ लखनऊ आ गईं। पंडित नेहरू भी इलाहाबाद से दिल्ली वापस आ गए और स्थायी रूप से यहीं पर ही रहने लगे। ऐसा नहीं था कि इंदिरा जी को इस बात का अहसास नहीं था कि उनके पिता नितांत अकेले पड़ गए हैं। उन्हें इस बात का बोध था कि पिता की देखभाल भी जरूरी है। वह कभी दिल्ली तो कभी लखनऊ की यात्रा करती ही रहतीं। नेहरूजी ने जब अपने प्रति इंदिरा का इतना स्नेह देखा तो दिल्ली में ही उनके रहने का इंतजाम कर दिया। इंदिरा दिल्ली में ही आकर रहने लगीं और यहीं पर 14 सितंबर 1946 को संजय का जन्म हुआ। वह एक अच्छी मां और अच्छी बेटी दोनों ही थीं। बच्चों की देखभाल भी उन्होंने की और पिता को भी भरपूर साथ दिया।

उन दिनों देश की हालत बहुत ही नाजुक थी। जिन्ना के नेतृत्व में मुस्लिम लीग देश के बंटवारे पर अड़ी हुई थी। देश में सांप्रदायिक दंगा भड़का हुआ था। गांधीजी ने इंदिरा जी को दिल्ली के दंगों को शांत करने का कार्य सौंप दिया। इंदिरा जी ने गांधी जी के आदेश का पालन किया और बड़ी निष्ठा के साथ दंगा प्रभावित इलाकों में जाकर हिन्दू-मुस्लिमों को समझाया।

बंटवारे के बाद 15 अगस्त को देश आजाद हुआ। इस दौरान हिन्दू-मुस्लिम का दंगा और भी अधिक भड़क उठा। पाकिस्तान से भागे लोगों की भीड़ दिल्ली में जमा हो गई, भूखे, बीमार शरणार्थी सड़कों पर फैल गए। इंदिरा जी ने दंगा-पीड़ितों और शरणार्थियों की सेवा पूरी निष्ठा के साथ की तथा जितने भी शरणार्थी शिविर थे उनकी व्यवस्था वह स्वयं देखा करती थीं ताकि किसी के भी साथ नाइंसाफी न हो।

26 जनवरी 1950 को पंडित नेहरू का दायित्व एक प्रधानमंत्री के रूप में और अधिक बढ़ गया। पंडित नेहरू तीन-मूर्ति भवन में रहने लगे थे। इंदिरा जी भी तीन-मूर्ति भवन में आकर रहने लगीं और उनके खान-पान

आदि का कार्यभार स्वयं पर ही ले लिया। राजीव व संजय भी तीन-मूर्ति भवन में ही रह रहे थे। फिरोज गांधी कभी-कभार बच्चों से मिलने आ जाया करते थे।

फिरोज गांधी भी 1952 के आम चुनाव में संसद सदस्य चुन लिए गए। वह कुछ दिनों तक तीन-मूर्ति भवन में रहे, फिर असुविधा महसूस होने पर सांसदों के लिए आवंटित मकान में चले गए। फिरोज को इस बात का अहसास था कि वह पत्नी से ही नहीं, बच्चों से भी दूर होते जा रहे हैं। इस तरह से कुछ वैचारिक भिन्नता उनके मन में आ गई थी। नेहरू परिवार से फिरोज के संबंध तब और खराब हो गए जब संसद में नेहरू के खिलाफ अपने विचारों को व्यक्त किया।

इंदिरा गांधी तो इंदिरा गांधी थी। वह सामाजिक सेवाओं में विशेष रूप से रुचि लेती थीं। बच्चों तथा महिलाओं संबंधी कल्याण के कार्यों में भी उनकी खास रुचि थी। उन्होंने बाल सहयोग नाम की एक संस्था का भी गठन किया। इसके अतिरिक्त इंदिरा जी ने कई संस्थाओं के विभिन्न पदों पर रहकर भी उल्लेखनीय कार्य किया। वह 'इंडियन कांउसिल ऑफ चाइल्ड वेलफेयर' की अध्यक्ष रहीं। 'कमला नेहरू मेमोरियल हॉस्पिटल', इलाहाबाद की ट्रस्टी रहीं। 'इंटरनेशनल कांउसिल ऑफ चाइल्ड वेलफेयर' के उपाध्यक्ष के पद पर रहीं। कहने का अर्थ है कि इंदिरा जी जन्मजात एक कुशल नेता, निष्ठावान समाज सेविका तथा सफल प्रशासिका थीं। जहां भी जिस पद पर रहकर कार्य किया, उसे अंजाम तक पहुंचाया।

समय के साथ बच्चे कुछ बड़े हुए तो उन्हें पढ़ने के लिए देहरादून के 'दून' स्कूल में दाखिला दिला दिया गया। इंदिरा जी को बच्चों की तरफ से थोड़ी आजादी मिली। वह और भी जोर-शोर से सामाजिक संस्थाओं से जुड़ती चली गईं। पंडित नेहरू के राजनीतिक कार्यों में भी उनका योगदान बना रहा।

समाज सेवा के प्रति उनकी निष्ठा को देखते हुए संयुक्त राष्ट्रसंघ ने 1953 में उन्हें 'मदर्स एवार्ड' से नवाजा। 1960 का दौर फिरोज गांधी के लिए अच्छा नहीं था, अचानक ही दिल का दौरा पड़ा और 8 सितंबर 1960 को फिरोज गांधी ने इहलोक त्याग दिया। इंदिरा जी का फिरोज गांधी से दिली रिश्ता था। वह उनके आकस्मिक निधन से शोक-संतप्त हो उठीं। पंडित नेहरू ने ऐसे में बेटी के लिए समय निकाला और उसे धीरज बंधाया।

राजनीतिक जीवन

इंदिरा जी एक कर्मठ महिला थीं। संघर्ष उनके जीवन का एक अहम् हिस्सा था। 1955 में वह कांग्रेस पार्टी की कार्यकारिणी में शामिल हुईं तथा 1959 तक एक सदस्य के तौर पर पूरी निष्ठा के साथ पार्टी के लिए कार्य किया। कांग्रेस संसदीय बोर्ड के सदस्य के रूप में भी उन्होंने उल्लेखनीय कार्य किए। 1957 के आम चुनाव में वह चुनाव समिति की सदस्य बनीं और उम्मीदवारों के चयन में प्रमुख भूमिका अदा की। इन सब कार्यों से इंदिरा का कद और भी ऊंचा हो गया।

1959 में उनकी कर्त्तव्यनिष्ठा को देखते हुए उन्हें कांग्रेस पार्टी के नेताओं ने पार्टी का अध्यक्ष पद दे दिया। यह कहना गलत न होगा कि इंदिरा जी ने यह पद नेहरूजी की सिफारिश से नहीं बल्कि अपनी योग्यता के बल पर प्राप्त किया था। वह राष्ट्रीय एवं अन्तर्राष्ट्रीय दोनों स्तरों पर उस समय तक काफी लोकप्रिय हो गई थीं। इंदिरा जी ने अध्यक्ष पद ग्रहण करने के बाद पार्टी में युवाओं और महिलाओं को भी पर्याप्त महत्त्व दिया तथा उन्हें जिम्मेदारियां भी सौंपी।

उन्होंने अध्यक्ष पद पर रहकर दो महत्त्वपूर्ण कार्य किए—केरल की साम्यवादी सरकार के कार्य अच्छे नहीं थे और भेदभावपूर्ण राजनीति वहां चल रही थी। इंदिरा जी ने वहां की सरकार को बर्खास्त कर राज्य में राष्ट्रपति शासन लागू करवाया। बम्बई एक बड़ा राज्य था और उसके विभाजन की मांग हो रही थी, केन्द्र सरकार इसके लिए तैयार नहीं थी। इंदिरा जी ने विभाजन की मांग को सही ठहराया और सरकार पर इस बात के लिए दबाव बनाया। उनके इस प्रयास से बम्बई राज्य का गुजरात और महाराष्ट्र के रूप में विभाजन हो गया। इंदिरा जी ने पार्टी अध्यक्षा के रूप में ये दो सराहनीय कार्य किए।

1960 में इंदिरा जी ने अध्यक्ष पद को छोड़ दिया।

27 मई 1964 को पंडित नेहरू का जब निधन हुआ तब इंदिरा जी ने स्वयं को अनाथों की तरह महसूस किया क्योंकि न तो मां थी, न पति और न ही अब पिता...। सारे साये एक-एक करके उनके सिर से हट गए थे। इंदिरा जी पंडित नेहरू के निधन के कारण काफी समय तक शोक-संतप्त रहीं। उनके जीवन में पिता का बहुत अधिक महत्त्व रहा था।

लाल बहादुर शास्त्री के प्रधानमंत्रित्व काल में इंदिरा जी सूचना एवं प्रसारण मंत्री बनीं। इस पद पर रहकर इंदिरा गांधी ने काफी प्रशंसनीय कार्य

किए। आकाशवाणी की कार्यशैली में नवीनता लाने के साथ-साथ उसके कार्यक्रमों में आवश्यक सुधार किए। उनका कहना था कि आकाशवाणी को स्वायतता का अधिकार मिलना चाहिए। 1965 में जब भारत-पाक युद्ध छिड़ा, इंदिरा जी की प्रेरणा से आकाशवाणी ने ऐसे-ऐसे नारे तथा देशभक्ति संबंधी कार्यक्रम पेश किए कि जनता एकजुट हो गई और रक्षा फण्ड में पर्याप्त धन दान किया। इससे जवानों का मनोबल भी बढ़ा। इंदिरा जी मानती थीं कि सूचना एवं संचार के जितने भी माध्यम हैं, उनको आजादी मिलेगी तभी वे बेबाकी से उत्साहवर्द्धन का कार्य कर सकेंगे। भारत-पाक युद्ध के समय आकाशवाणी का काफी योगदान था।

प्रधानमंत्री पद और इंदिरा गांधी

लाल बहादुर शास्त्री की अचानक मृत्यु के बाद 24 जनवरी 1966 को इंदिरा गांधी ने तृतीय प्रधानमंत्री के रूप में शपथ ग्रहण की। ऐसा नहीं था कि इंदिरा जी के विरोध में कोई खड़ा नहीं हुआ था। पार्टी अध्यक्ष कामराज ने इंदिरा जी को उम्मीदवार के रूप में पेश किया, तब मोरारजी देसाई भी विरोध में खड़े हो गए। फिर चुनाव हुआ और इंदिरा जी ने भारी मतों से विजय हासिल की। उन दिनों राष्ट्रपति डॉ. सर्वपल्ली राधाकृष्णन थे। उन्होंने ही इंदिरा जी को पद और गोपनीयता की शपथ दिलायी।

इंदिरा जी में इस पद को लेकर जरा-सी भी घबराहट नहीं थी क्योंकि पं. नेहरू से उन्होंने बहुत कुछ जाना-समझा था। उनके कार्यों को देखा था तथा राजनीतिक गतिविधियों में भी समय-असमय योगदान दिया था। इंदिरा गांधी एक कुशल राजनेत्री थीं, क्षमता और अनुभव की भी कोई कमी नहीं थी। जब वह प्रधानमंत्री बनीं तब देश संकटों के दौर से गुजर रहा था। देश में समस्याओं का हुजूम-सा था, आर्थिक हालत अच्छी नहीं थी। औद्योगिक उत्पादन में गिरावट आ गई थी, निर्यात बंद हो गया था, जिससे विदेशी मुद्रा की आमद कम हो गई थी, खेती-बाड़ी की भी हालत खराब थी। देश में अन्न का अभाव था, पूरे देश में सूखे की स्थिति थी। पूर्वी उत्तर प्रदेश और बिहार सबसे अधिक सूखे से ग्रस्त थे।

प्रधानमंत्री इंदिरा गांधी के सामने अनगिनत समस्याएं थीं, जो उन्हें विरासत में मिली हुई थीं। इंदिरा-सरकार प्रारंभ में संघर्षों से गुजरी, लेकिन धीरे-धीरे सूखे की समस्या का हल निकाल लिया। सूखा कोष में लोगों से दान दिलवाने

में अधिकारियों ने मुख्य भूमिका निभाई। इंदिरा-सरकार ने खाद्यान्नों की खरीद और वितरण व्यवस्था को व्यवस्थित किया। इसमें कोई शक नहीं इंदिरा गांधी एक सुलझी हुई प्रधानमंत्री थीं, संकटों के दौर में घबराना उन्होंने नहीं सीखा था। वह निडर और साहसी प्रवृत्ति की थीं। शायद यही वजह थी कि जून 1966 में इंदिरा जी ने डॉलर की तुलना में रुपये का अवमूल्यन कर दिया। इसके लिए उन पर अमरीका, अंतर्राष्ट्रीय मुद्रा कोष तथा विश्व बैंक का दबाव था। उन्होंने अवमूल्यन कर दिया, लेकिन यह इंदिरा जी की सबसे बड़ी गलती थी, आयात महंगा और निर्यात सस्ता हो गया। इंदिरा-सरकार की इस गलती की सजा देशवासियों को मिली और भारत की आर्थिक व्यवस्था डगमगा गई। मुद्रा के अवमूल्यन से विदेशों में भारत की प्रतिष्ठा धूमिल पड़ गई, नतीजा यह हुआ कि इंदिरा-सरकार से जनता नाराज हो गई और जगह-जगह इंदिरा गांधी के विरोध में रैलियां निकलने लगीं। पार्टी के अंदर भी इंदिरा जी की निंदा होने लगी। विपक्षी दलों ने भी शोर मचाना शुरू कर दिया।

लेकिन इंदिरा गांधी कोई मामूली महिला नहीं थीं। संकटकाल में वह और भी अधिक मजबूत हो जाती थीं। उन्होंने संयम से काम लिया और 'हरित क्रांति' का दामन थाम लिया, लेकिन देश बुरे दौर से गुजर रहा था, उसे तुरंत मदद की जरूरत थी।

चट्टान की तरह मजबूत इरादों वाली इंदिरा गांधी 1966 में अमरीका के दौरे पर निकल गई, यह उनका सरकारी दौरा था। उन दिनों अमरीका ने उत्तरी वियतनाम पर हमला बोल रखा था। इंदिरा ने जब अमरीका से गेहूं और मुद्रा सहायता मांगी तब अमरीकी राष्ट्रपति ने कहा– 'हम 35 लाख टन गेहूं तथा 1000 मिलियन डॉलर की आर्थिक मदद दे सकते हैं, लेकिन भारत को यह कहना होगा कि उत्तरी वियतनाम पर अमरीका की सैनिक कार्यवाही जायज है।' अमरीका राष्ट्रपति जॉनसन सशर्त सहायता देने के पक्ष में थे। वह इस गलतफहमी में थे कि आर्थिक संकट के दौर से गुजर रहा भारत उनकी शर्त को स्वीकार कर लेगा। इंदिरा ने ऐसा कुछ भी बयान जारी नहीं किया, उलटे उन्होंने अमरीका की तीखी आलोचना की और उत्तरी वियतनाम पर सैनिक कार्यवाही को संयुक्त राष्ट्रसंघ की नीतियों के खिलाफ बताया। ऐसे में इंदिरा गांधी हतोत्साहित नहीं हुई बल्कि उन्होंने सोवियत संघ की ओर मित्रता का हाथ बढ़ा दिया। उस समय ऐसी ही विदेश नीति की जरूरत थी। इंदिरा जी की विदेश नीति और कूटनीति यहां पर साफ देखने को मिली।

फिर अमरीका ने न तो खाद्यान्न सहायता दी और न ही मुद्रा सहायता दी।

सोवियत संघ से मित्रता

इंदिरा गांधी मुश्किलों की घड़ी में धैर्य नहीं खोती थीं, धैर्य नहीं खोया और सोवियत संघ से मैत्री संबंध स्थापित करने के लिए हाथ आगे कर दिया।

पूरा विश्व दो खेमों में विभाजित था। एक खेमा संयुक्त राष्ट्र अमरीका और दूसरा खेमा सोवियत संघ था। भारत की गुटनिरपेक्षता की नीति थी। यह पंडित नेहरू की देन थी। इंदिरा गांधी ने पंडित नेहरू की नीति को ही कायम रखा। जुलाई 1966 में वह सोवियत संघ गई। उन्होंने वहां एक संयुक्त वक्तव्य पर दस्तखत किया, जिसमें अमरीका की भर्त्सना की गई और उत्तरी वियतनाम पर उसके द्वारा किए गए आक्रमण को साम्राज्यवादी नीति का एक अंग बताया गया। इस वक्तव्य में यह भी था कि अमरीका फौरन तथा बिना शर्त के युद्ध को रोक दे। वक्तव्य में इस बात को भी स्पष्ट किया गया था कि भारत अमरीका के गुट में शामिल होना नहीं चाहता था, इससे भारत और सोवियत संघ परस्पर मित्र बन गए।

इसके बाद इंदिरा गांधी को यह समझते देर न लगी कि गुटनिरपेक्ष देशों को संगठित कर शक्तिशाली बनाने की आवश्यकता है ताकि गुटनिरपेक्ष देशों को शक्तिशाली देश से सहायता के लिए हाथ न फैलाना पड़े। इसी सिलसिले में मिस्र और युगोस्लाविया के साथ भारत ने मैत्री संबंध स्थापित किए तथा इन दोनों देशों के शासनाध्यक्ष दिल्ली आए और गुटनिरपेक्ष देशों के सम्मेलन में शामिल हुए। इस सम्मेलन में अमरीका की साम्राज्यवादी नीति की आलोचना की गई। इस तरह से भारत की विदेश नीति विश्व के सामने स्पष्ट हो गई।

अन्तर्विरोध और गुटबाजी

प्रधानमंत्री इंदिरा गांधी थोड़े समय में ही अपनी स्पष्ट नीति के कारण विदेश में लोकप्रिय हो गई, पर देश में जो गुटबाजी और अन्तर्विरोध व्याप्त था, उससे वह काफी विचलित थीं। कांग्रेस पार्टी के जो वरिष्ठ नेता थे, वे नहीं चाहते थे कि इंदिरा गांधी प्रधानमंत्री के पद पर ज्यादा दिनों तक रहें। विपक्ष तो यही चाह रहा था कि सत्तासीन पार्टी में अन्तर्कलह हो और उसका लाभ उन्हें मिले। इंदिरा जी देश की समस्याओं को हल करना चाहती थीं, लेकिन वह अकेली पड़ गयी थीं, कोई उन्हें सहयोग करने को तैयार नहीं था। मानसून

पर आधारित भारत की खेती का बुरा हाल था। उद्योग भी कच्चे माल के अभाव में ठप्प पड़ते जा रहे थे। देश एक अजीब से संकट के दौर से गुजर रहा था। अशिक्षा, महंगाई, बेरोजगारी की समस्या मुंह फाड़े खड़ी थी। विरोध रैलियां चारों तरफ हो रही थीं, धरने और प्रदर्शन आम हो गए थे। देश में पूंजीवादी व्यवस्था हावी थी, समाजवादी समाज का सपना पूरा होता नजर नहीं आ रहा था। पंडित नेहरू का भी सपना समाजवादी समाज का था, जो खंड-खंड होता नजर आ रहा था। धर्म, जाति, प्रांत, भाषा और आर्थिक असमानता के नाम पर देश में अनेक वर्ग बन गए थे, विपक्ष उन्हें और हवा देने में लगा था। विपक्ष की परिभाषा आजाद भारत में अभी तक स्पष्ट नहीं हो सकी है। उस समय भी और आज भी विपक्ष सकारात्मक भूमिका अदा नहीं कर सका है। इंदिरा-सरकार के वक्त भी विपक्ष की भूमिका नकारात्मक ही थी। वह बस इसी कोशिश में था, कब मौका मिले और वह सत्ता को हथिया ले, सत्ता हथियाने के लालच में हिंसात्मक आंदोलन शुरू हो गए। सरकारी कर्मचारी भी तनख्वाह बढ़ाने के लिए आए दिन सड़कों पर उतरने लगे। इससे सरकारी काम-काज बाधित होने लगा।

सत्ताधारी कांग्रेस पार्टी में गुटबाजी जोरों पर थी। पार्टी में अंतर्कलह व्याप्त था। कांग्रेस पार्टी में गुटबाजी व अन्तर्कलह का मुख्य कारण यह था कि जिस इंदिरा को वरिष्ठ नेताओं ने कठपुतली बनाकर रखने के उद्देश्य से प्रधानमंत्री बनाया था, वह इंदिरा उनके हाथों की कठपुतली न बनकर एक कुशल राजनेता के रूप में उनके सामने आ गई थी। इंदिरा गांधी ने उनकी नहीं सुनी और जो देशहित में लगा वह किया तो उन्होंने गुटबाजी शुरू कर दी और अलग गुट बना लिया। विपक्ष देश में अराजकता की स्थिति उत्पन्न कर सत्ता हड़पना चाहता था। मोरारजी देसाई तो पहले से ही इंदिरा गांधी से नाराज थे, उन्हें प्रधानमंत्री पद जो नहीं मिला था। गुलजारी लाल नंदा अलग ही नाराज थे कि पार्टी ने उनकी कोई कीमत नहीं समझी, वैसे गुलजारी लाल नंदा इंदिरा-सरकार में गृहमंत्री थे। उन्हें अपने इस पद और कर्त्तव्यों का भान होना चाहिए था, लेकिन वे गृहमंत्री के पद की जिम्मेदारियों को बखूबी नहीं जानते थे तभी तो जनसंघ के बरगलाने पर नग्न नागा साधुओं ने गो-हत्या रोकने के मसले पर त्रिशूल, तलवार और भाले के साथ दिल्ली में जुलूस निकाला और गुलजारी लाल नंदा ने कोई कार्यवाही नहीं की। गुलजारी लाल नंदा का मानना था कि साधु-संन्यासी पर कार्यवाही नहीं की जा सकती, नग्न साधुओं का नंगा नाच

दिल्ली में होने लगा। वे संसद भवन में भी घुस जाते अगर व्यवस्था कड़ी न होती। फिर उन्होंने बसों, कारों, इमारतों, दुकानों आदि में आग लगा दी। मामला तब ज्यादा पेचीदा हो गया जब नग्न नागा साधुओं ने कामराज को जान से मारने के मकसद से उनके घर को चारों तरफ से घेर लिया। पुलिस ने उन्हें हटाने की कोशिश की तो उन्होंने पुलिस पर ही हमला बोल दिया। इसमें कितने ही पुलिसकर्मी घायल हो गए, आत्म-सुरक्षा की दृष्टि से अंत में पुलिस ने हमला बोल दिया। इस गोलाबारी में एक साधु की मृत्यु हो गई। मामले ने और तूल पकड़ लिया। विपक्ष को एक मुद्दा उछालने को मिल गया। गुलजारी लाल नंदा के कारण यह सब हुआ। अगर उन्होंने गृहमंत्री के दायित्व को समझा होता तो बात यहां तक नहीं बढ़ी होती। जनता की नजर में सरकार की छवि खराब हो गई।

इंदिरा गांधी ने बहुत ही सोच-विचारकर व मौके की नजाकत को देखते हुए गुलजारी लाल नंदा से इस्तीफा देने को कह दिया। नंदा आश्चर्यचकित रह गए और उनका राजनीतिक कैरियर ही मिट्टी में मिल गया।

डॉ. राम मनोहर लोहिया जो समाजवादी नेता थे साथ ही पंडित नेहरू के आलोचक भी थे, ने इंदिरा गांधी को भी 'गूंगी गुड़िया' कहने से बाज नहीं आए।

अन्तर्कलह और आपस की गुटबाजी से कमजोर पड़ी कांग्रेस पार्टी की राजनीतिक छवि एकदम से ही खराब हो गयी। फिर भी इंदिरा जी की देश से बाहर और देश के भीतर भी काफी इज्जत थी। कांग्रेस भी इस बात को जानती थी कि इंदिरा अपने दम पर पार्टी को चुनाव जीता सकती हैं। उनको किनारे पर लाना आवश्यक है।

1967 का आम चुनाव आते-आते कांग्रेस पार्टी में अंतर्विरोध अपने पूरे यौवन पर आ गया, लेकिन इंदिरा जी के लिए यह खुशी की बात थी कि जनता के बीच वह सबसे अधिक लोकप्रिय थीं। कांग्रेस का कोई भी नेता उनकी लोकप्रियता का मुकाबला नहीं कर सकता था।

लेकिन कांग्रेस के वरिष्ठ नेता इंदिरा गांधी की लोकप्रियता को नजरंदाज कर पार्टी के दम पर चुनाव लड़ने का मन बना चुके थे। उनका मानना था कि पार्टी दो आम चुनाव जीत चुकी है। लोग किसी नेता विशेष को नहीं पार्टी को वोट देते हैं, किन्तु कांग्रेस के वरिष्ठ नेताओं का ऐसा सोचना उनकी सबसे बड़ी गलती थी। पिछले आम चुनावों में पार्टी पंडित नेहरू के कार्यों के कारण जीती थी। चीन से युद्ध हारने के पीछे देश की दुर्बल स्थिति थी, आजादी के बाद

नेहरूजी का सारा ध्यान देश की समस्याओं को दूर करने में लगा रहा। सेना को सुदृढ़ करने का समय अभी उन्हें कहां मिला था। पंडित नेहरू फिर भी स्वयं पर, इस हार का दोष लेकर बीमार क्या हुए, जान से ही हाथ धोना पड़ गया। यह कहना गलत न होगा कि इसके लिए भारतीय जनता ने उन्हें दोषी नहीं ठहराया था, लेकिन विपक्ष ने नेहरूजी को ही दोषी माना और कांग्रेस के कुछ नेताओं ने भी पंडित नेहरू की ही आलोचना की। उसी समय से कांग्रेस में गुटबाजी शुरू हो गई थी, जो 1967 के आम चुनाव में मुखर होकर सामने आ गई। कांग्रेस पार्टी में असंतुष्टों का गुट हावी हो गया और इंदिरा जी को दरकिनार कर दिया गया, टिकट बांटने का कार्य कामराज ने अपने हाथ में ले लिया।

इंदिरा गांधी इन सब हालातों से वाकिफ थीं, फिर भी वह चुप थीं और मौके के इंतजार में थीं।

आम चुनाव की घोषणा हो गई। श्रीमती इंदिरा गांधी भुवनेश्वर में एक चुनावी सभा को संबोधित करने के लिए गयीं तो उनके विरोध में नारे लगाए जाने लगे, हो-हल्ला होने लगा। काले झण्डे के साथ जुलूस निकाले गए। इतना ही नहीं 8 फरवरी 1967 को भुवनेश्वर की एक चुनावी सभा में उन पर ईंट-पत्थर बरसाए गये। उनकी नाक पर चोट लग गई, एक होंठ कट गया।

इंदिरा जी को अस्पताल में दो दिन के लिए भर्ती होना पड़ गया। इतना सब होने के बाद चुनाव हुए और परिणाम भी आ गए। कांग्रेस ने केन्द्र में किसी तरह से बहुमत प्राप्त कर लिया, लेकिन राज्यों में उसे बहुमत नहीं मिला। कुछ राज्यों में गठबंधन सरकारें बनीं और कुछ राज्यों में रिजनल पार्टियों को बहुमत मिला।

विपक्ष ने भी सिर्फ इंदिरा गांधी की ही आलोचना की। उसने संसद में एक विपक्ष की जो भूमिका होती है, नहीं निभायी।

राज्यों में कांग्रेस के हारने का कारण टिकट बांटने के मामले में अनुभवहीनता थी। अयोग्य उम्मीदवारों को टिकट मिले तथा योग्य उम्मीदवारों को टिकट न मिलने के कारण उनमें गुस्सा व प्रतिशोध भाव फैल गया। इस तरह कांग्रेस पार्टी अपनी चाल से मार खा गई।

पार्टियों का आपसी तालमेल किसी नीति पर आधारित नहीं था। लोहिया की समाजवादी पार्टी ने हिंदू संप्रदायवादी जनसंघ से गठजोड़ कर लिया। अनीश्वरवादी साम्यवादियों ने धर्माध दक्षिण पंथियों से नाता जोड़ लिया। जिस मुस्लिम लीग की वजह से देश बंट गया था, उसने कई

पार्टियों से हाथ मिलाने में संकोच नहीं किया और उसके साथ गठजोड़ कर सत्ता सुख भोगा।

राजस्थान में राजा-महाराजाओं ने गठबंधन कर स्वतंत्र पार्टी बना ली। इन लोगों ने इंदिरा जी की चुनावी सभाओं में नारेबाजी की। ये लोग प्रजातंत्र के नाम पर सत्ता को हथियाना चाहते थे। ये वही लोग थे, जिन्होंने आजादी के पहले अंग्रेजों का खुलकर साथ दिया था।

कुछ भी हो 1967 के आम चुनावों के परिणाम इंदिरा गांधी के ही पक्ष में गए। सिंडिकेट के जितने भी नेता थे जनता ने उन्हें उनकी औकात बता दी थी। कामराज को करारी हार का सामना करना पड़ा था। कांग्रेस के सारे धुरंधर चुनावी अखाड़े में चित्त हो गए थे। ऐसे में इंदिरा गांधी का वर्चस्व संसद व पार्टी में अपने-आप ही कायम हो गया क्योंकि जो नेता उनके विरोध में थे और स्वयं को किंग समझते थे, उन्हें जनता ने धूल चटा दी थी। हां, किंग मेकरों में से एक मोरारजी देसाई ही चुनाव जीत पाए थे, लेकिन अकेले पड़ जाने के कारण कुछ करना उनके वश में नहीं था। फिर भी इंदिरा गांधी ने उनके साथ अच्छा व्यवहार किया और उप प्रधानमंत्री तथा वित्तमंत्री का पद आदर के साथ प्रदान किया। इंदिरा जी अपने सेवानिष्ठ व पुराने लोगों की भी इज्जत करना जानती थीं, यह उन्होंने अपने परिवार से सीखा था, लेकिन मोरारजी ने इंदिरा जी की इस भावना को नहीं समझा और आगे चलकर वह इंदिरा जी के लिए खतरनाक ही साबित हुए। वह पार्टी व इंदिरा जी के प्रति निष्ठावान नहीं रह सके।

कांग्रेस का बंटवारा

1967 के आम चुनाव के बाद इंदिरा गांधी ही प्रधानमंत्री बनीं। वह अधिक समय तक सिंडिकेट पर हावी नहीं रह सकीं क्योंकि सिंडिकेट के दोनो धुरंधर कामराज तथा एस.के . पाटिल उपचुनाव जीतकर संसद में आ गए। उनके संसद में आते ही, मोरारजी इंदिरा गांधी को छोड़कर सिंडीकेट का हिस्सा बन गए। सिंडिकेट पुन: मजबूत हो गया और सिंडिकेट ने दावा किया कि प्रधानमंत्री पार्टी से बढ़कर नहीं है बल्कि उसके नीचे है। पार्टी की नीतियों के अनुसार ही प्रधानमंत्री को शासन करने का अधिकार है अर्थात् सरकार की नीतियों में दखल देने का पार्टी को पूरा अधिकार है।

इंदिरा गांधी सभी वर्गों के लिए काम करना चाहती थीं और अपने तरीके से काम करने की इच्छुक थीं, लेकिन वह कुछ भी कर पाने में खुद को

भारत के प्रधानमंत्री

असमर्थ पा रही थीं। इंदिरा जी समाजवाद की पक्षधर थीं, लेकिन सिंडिकेट पूंजीपतियों तथा बड़े उद्यमियों को बढ़ावा देना चाहता था, विचारों में काफी अंतर था।

लेकिन स्थितियां तो बदलती रहती हैं। 1967 के अंत में कामराज को अध्यक्ष पद से हटना था। इंदिरा जी को कुछ आशा बंधी कि नया अध्यक्ष शायद उनके अनुकूल हो, लेकिन इंदिरा जी की यह उम्मीद तब धराशायी हो गई जब निजलिंगप्पा को पार्टी का अध्यक्ष बना दिया गया। निजलिंगप्पा उदारवादी नेता नहीं थे और अति महत्त्वाकांक्षी भी थे। सिंडिकेट इंदिरा जी को लेकर और भी अधिक कठोर हो गया और उसने फैसला कर लिया कि उचित अवसर देखकर इंदिरा गांधी को पदच्युत कर दिया जाए तथा सिंडिकेट के विशेष व्यक्ति को प्रधानमंत्री बना दिया जाए। मोरारजी तो शास्त्री जी के समय से ही प्रधानमंत्री बनने के लिए आतुर थे, ऐसा मौका वह कहां छोड़ने वाले थे, फौरन ही राजी हो गए।

इंदिरा गांधी मुश्किलों की घड़ी में और भी अधिक मजबूत हो जाती थीं और इस बार भी वह और भी अधिक शक्तिशाली होकर सामने आई। बस उन्हें मौके की तलाश थी। अब वह आर-पार की लड़ाई लड़ने के लिए मन बना चुकी थीं। रोज-रोज के खतरे से वह उब गयी थीं, मई 1969 में राष्ट्रपति डॉ. जाकिर हुसैन का अकस्मात निधन हो गया।

नीलम संजीव रेड्डी को सिंडिकेट ने राष्ट्रपति पद के लिए चुना और नामांकन पत्र भी जमा हो गया। वह रेड्डी द्वारा इंदिरा गांधी को पद से हटा देना चाहते थे, योजना कुछ ऐसी ही थी। इंदिरा गांधी ने भी एक चाल चली और उपराष्ट्रपति वी.वी. गिरि को राष्ट्रपति पद के लिए खड़ा कर दिया। इंदिरा गांधी हवा को अपनी तरफ मोड़ना जानती थीं। 18 जुलाई को उन्होंने मोरारजी को वित्तमंत्री के पद से हटा दिया और यह मंत्रालय अपने हाथ में ले लिया। इसके बाद एक अध्यादेश जारी कर 14 बैंकों का राष्ट्रीयकरण कर दिया तथा 'राजों-रजवाड़ों' की सुविधाओं को समाप्त कर दिया। इसका लाभ यह हुआ कि पार्टी के खिलाफ जाकर उन्होंने राष्ट्रपति पद के लिए जो दूसरे उम्मीदवार वी.वी. गिरि को खड़ा किया था, उसको लेकर जो आलोचना हुई, उसका असर बेअसर हो गया। इंदिरा गांधी जनता में लोकप्रिय हो गई। सुधारवादी नेताओं, सदस्यों ने भी इंदिरा जी के इन कदमों की खूब प्रशंसा की। गरीबों, दलितों तथा पढ़े-लिखे लोगों में भी इंदिरा जी की लोकप्रियता इस कदम से बढ़ गई।

जाहिर है ऐसे में नीलम संजीव रेड्डी हार गये और वी.वी. गिरि 20 अगस्त को राष्ट्रपति पद के लिए चुन लिए गए।

सिंडिकेट औंधे मुंह गिर पड़ा और 12 नवंबर 1969 को इंदिरा जी पर अनुशासन भंग करने का आरोप लगाकर पार्टी से उन्हें निकाल दिया। अब वह प्रधानमंत्री के पद पर कैसे रह सकती थीं?

इंदिरा गांधी ने 'आयरन लेडी' का परिचय देते हुए पार्टी का ही बंटवारा कर दिया। कांग्रेस-आर तथा कांग्रेस-ओ दो नामों में पार्टी बंट गई। कांग्रेस-आर इंदिरा की पार्टी थी, जिसमें कांग्रेस-ओ से अधिक सांसद थे। इसलिए इंदिरा गांधी प्रधानमंत्री पद पर बनी रहीं। अब वह पार्टी की अध्यक्ष भी थीं। वह देश में मध्यावधि चुनाव कराना चाहती थीं, इस बात को ध्यान में रखकर उन्होंने कुछ अद्भुत कार्य किए—

- अगस्त 1970 में राजा-रजवाड़ों को दिया जाने वाला प्रतिपर्स समाप्त कर दिया गया, जिससे सरकार के करोड़ों रुपयों की बचत हो गई। यह धन देश के कमजोर व दलित वर्ग के काम आया, जिससे गरीब व शोषित वर्ग के लोगों में इंदिरा गांधी लोकप्रिय हो गई।

- 1970 में राष्ट्रपति के अध्यादेश द्वारा बैंकों का पुन: राष्ट्रीयकरण कर लिया गया क्योंकि उच्चतम न्यायालय ने बैंकों के राष्ट्रीयकरण को अवैध ठहरा दिया था। इससे छोटे व्यापारियों, किसानों, रिक्शावालों और टैक्सी चालकों को कर्ज देने का प्रबंध हुआ, जिससे उनकी वित्तीय स्थिति में सुधार हुआ और इंदिरा जी मध्यम वर्ग में काफी लोकप्रिय हो गई।

- इंदिरा जी ने पंडित नेहरू द्वारा शुरू की गई पंचवर्षीय योजनाओं को लागू करना जरूरी समझा और इस बात को ध्यान में रखकर चौथी पंचवर्षीय योजना को लागू किया तथा चौथी योजना की वित्तीय-व्यवस्था तीसरी पंचवर्षीय योजना की तुलना में दो गुना कर दी गई।

- भूमि-हदबंदी लागू की गई, इससे कृषकों को लाभ हुआ। गांव के लोग इंदिरा गांधी को अपना हितैषी मानने लगे और इससे वोट बैंक निश्चित रूप से बढ़ा।

इन कदमों से चुनाव के लिए माहौल बन गया। 27 दिसंबर 1970 को ही लोक सभा भंग कर दी गई और समय से पहले ही आम चुनाव की घोषणा हो गई।

1971 का यह मध्यावधि चुनाव विरोधियों के लिए किसी चुनौती से कम नहीं था। उन्हें इस बात की उम्मीद ही नहीं थी कि मध्यावधि चुनाव का सामना

भारत के प्रधानमंत्री

उन्हें इस तरह से करना पड़ सकता है। उनके पास तो कोई मुद्दा भी नहीं था कि वे चुनावी सभाओं को संबोधित करते समय बोल सकें।

कांग्रेस-ओ, स्वतंत्र पार्टी, समाजवादी दल, जनसंघ आदि ने आधारहीन गठबंधन बनाया और उसका नाम रखा– 'ग्रैण्ड एलायंस'। इस गठबंधन का चुनावी नारा बस यही था कि 'इंदिरा गांधी हटाओ'। इसको छोड़कर कोई मुद्दा उनके पास था ही नहीं। उन्होंने श्रीमती गांधी की आलोचना की, गालियां दीं, फिर भी कोई लाभ नहीं हुआ। इंदिरा गांधी का चुनावी प्रचार ठीक इसके विपरीत था। उन्होंने 'गरीबी हटाओ' का नारा दिया, नारे में दम था। वह गरीबी हटाने की दिशा में कई कदम पहले से ही उठा चुकी थीं। चुनाव हुए, नतीजा इंदिरा गांधी के ही पक्ष में गया। संसद की 518 सीटों में से उन्हें 352 सीटें मिलीं। यह दो तिहाई बहुमत था। वह अब आवश्यक विधेयक ही नहीं पारित कर सकती थीं, अपितु संविधान में संशोधन भी कर सकती थीं। अब उच्चतम न्यायालय भी उनके कार्यों में टांग नहीं अड़ा सकता था। 'ग्रैड एलायंस' गठबंधन को करारी हार मिली थी। बस सी.पी.आई, सी.पी.एम, डी.एम.के. को कुछ सफलता मिली थी। वैसे इनमें सी.पी.आई तथा डी.एम.के. इंदिरा गांधी के पक्ष में थीं। अब इंदिरा गांधी देश की सबसे शक्तिशाली नेता बन चुकी थीं। विदेशों में भी उनका कद बढ़ गया था। संसार-भर के देश भारत की तरफ ही देख रहे थे क्योंकि भारत में एक स्थिर शक्ति का उद्भव हो चुका था। विकासशील एवं विकसित दोनों ही देश इंदिरा गांधी के नक्शेकदम पर चलने को तैयार थे। इंदिरा गांधी ने एक इतिहास रच दिया था। उन्होंने असंभव को संभव कर दिखाया था।

बांग्लादेश को अलग राष्ट्र बनाना

बांग्लादेश इंदिरा गांधी की ही देन है। जब से पाकिस्तान की स्थापना हुई थी, पूर्वी पाकिस्तान एवं पश्चिमी पाकिस्तान का भी परदे की ओट में विभाजन हो गया था। पश्चिमी पाकिस्तान भाषा को लेकर पूर्वी पाकिस्तान से ईर्ष्या कर रहा था। बंगला भाषी पाकिस्तानियों का शोषण हो रहा था और उन्हें पाकिस्तान में दोयम दर्जे का नागरिक माना जा रहा था। पाकिस्तान बनने के बाद जो विकास कार्य हुए थे, वे पश्चिमी पाकिस्तान में हुए थे। बंगलाभाषी पाकिस्तान आर्थिक संकट के दौर से गुजर रहा था। पूर्वी पाकिस्तान अपने अधिकारों की मांग करने लगा, दंगे होने लगे, लेकिन मांग व आवाज को कुचलने-मसलने

के लिए सैनिक बलों का इस्तेमाल होने लगा। अत्याचार इतना बढ़ गया कि शेख मुजीबुर्रहमान के नेतृत्व में सारा पूर्वी पाकिस्तान दोहरी नीति एवं शोषण के खिलाफ एक हो गया। पाकिस्तान के शासनाध्यक्ष याहियाखान ने पूर्वी पाकिस्तान में सैनिक कार्यवाही कर दी।

सैनिकों ने पूर्वी पाकिस्तान में जो ऊधम मचाया और जो खून की होली खेली उससे पूर्वी पाकिस्तान की जनता की रूह कांप गई। पूर्वी पाकिस्तान की बहू-बेटियों का सैनिकों ने खुलेआम बलात्कार किया। मासूम बच्चों को गोलियों का निशाना बना दिया गया। जो जहां दिखा, उसे मार दिया गया। पूर्वी पाकिस्तान के लोग मजबूरन भारत के नजदीकी इलाकों में आकर छिपने लगे। नवंबर 1971 तक एक करोड़ से भी अधिक शरणार्थी भारत में दाखिल हो गए थे। यह पाकिस्तान का पूर्वी पाकिस्तान के ऊपर अत्याचार का सबूत था। यह सब देखकर भारत ने अन्तर्राष्ट्रीय स्तर पर मानवता के हित में आवाज उठाई, लेकिन पाकिस्तान पर इसका कोई प्रभाव नहीं पड़ा और पूर्वी पाकिस्तान में सैनिक-बल का प्रयोग जारी रखा।

वहां के जानकार लोगों का कहना है कि सैनिक कार्यवाही के दौरान जो औरतें गर्भवती हुई थीं, उनके साथ भी पाक-सैनिकों ने बलात्कार किया था।

पूर्वी पाकिस्तान के पक्ष में बोलने के कारण 3 दिसंबर 1971 को पाकिस्तान ने भारत के वायु सेना ठिकानों पर हमला कर दिया। युद्ध की शुरुआत पाकिस्तान ने ही की थी। इंदिरा गांधी को अच्छा मौका मिल गया। इंदिरा जी ने भारतीय सेनापतियों से बात की, फिर निर्णय लिया गया कि एक आक्रमण पश्चिमी पाक पर किया जाए तथा दूसरा आक्रमण तब किया जाए जब पूर्वी पाक की मुक्तिवाहिनी सेनाओं को भी साथ में ले लिया जाए।

भारतीय थल सेना मुक्तिवाहिनी की सहायता के लिए केवल ग्यारह दिनों में ढाका पहुंच गई। पाकिस्तान की छावनी को चारों तरफ से घेर लिया गया।

पश्चिमी पाक की औकात अब ठिकाने आ गई, उसने अमरीका से सहायता की मांग की। अमरीका तो जैसे इसी ताक में था, उसने अपना सातवां बेड़ा बंगाल की खाड़ी की ओर रवाना कर दिया। उन दिनों थल सेना के जनरल मॉनीक शॉ थे। इंदिरा जी ने उनसे आग्रहपूर्वक कहा कि भारतीय सेना को वह आदेश दें कि वह अपना काम जल्दी से निपटाएं।

भारतीय सेना ने त्वरित गति से काम शुरू कर दिया। 13 दिसंबर को ढाका का सभी दिशाओं से घेराव हो गया। 16 दिसंबर को 93 हजार पाक सैनिकों के साथ जनरल नियाजी ने आत्मसमर्पण कर दिया। उन्हें बंदी बनाकर भारत लाया गया। इस तरह से पूर्वी पाक बांग्लादेश के नाम से घोषित हुआ। पाक दो भागों में बंट गया। भारत ने बांग्लादेश को स्वतंत्र राष्ट्र के रूप में मान्यता क्या दी, फिर अधिकांश देशों ने भी उसे स्वतंत्र राष्ट्र मान लिया। श्रीमती गांधी ने पाकिस्तान की भौगोलिक सीमाओं को बदलकर एक ऐतिहासिक व साहसिक कार्य किया था। फिर अमरीका को चुपचाप बैठ जाना पड़ा क्योंकि उसे पता था कि भारत के खिलाफ सैनिक कार्यवाही का परिणाम खतरनाक हो सकता है क्योंकि उसके साथ सोवियत संघ है। इस युद्ध में एक लाख सैनिक भारत ने बंदी बना लिए थे और सैकड़ों मीलों भूमि कब्जे में ले ली थी।

याहियाखान को पदच्युत कर जुल्फिकार अली भुट्टो पाक के राष्ट्रपति बने। फिर उन्होंने संधि वार्ता के लिए इंदिरा गांधी को आमंत्रित किया । वार्ता शिमला में हुई –

- कश्मीर के जिन सामरिक स्थानों को भारत ने जीता है, वहां भारत का अधिकार होगा।

- बंदी बनाए गए सैनिक छोड़ दिए जाएंगे तथा पाक की भूमि भी वापस कर दी जाएगी।

- भविष्य में कोई भी मसला उत्पन्न हो तो किसी दूसरे राष्ट्र की मध्यस्थता मान्य नहीं होगी तथा शिमला समझौते के अंतर्गत ही मसले को सुलझाया जाएगा।

हम कह सकते हैं कि पाक की अकड़ को ढीली जिस तरह से श्रीमती इंदिरा गांधी ने की, दूसरा राजनेता शायद ही कर पाता। उनकी बुद्धिमता और राजनीतिक कौशलता का लोहा आज भी पूरा विश्व मानता है।

विकास कार्य

इंदिरा गांधी को दो तिहाई बहुमत मिला हुआ था, जिससे वह किसी भी तरह का निर्णय लेने के लिए आजाद थीं। उनका सबसे पहले दो ऐसे उद्योगों पर ध्यान गया, जो कमाई खूब कर रहे थे, पर जनता या देश को कोई लाभ नहीं हो रहा था। सारा मुनाफा निजी कंपनियां डकार जाती थीं। इंदिरा जी ने अगस्त 1972 में बीमा व्यवसाय का राष्ट्रीयकरण कर दिया।

इसी प्रकार से कोयला व्यवसाय में भी मजदूरों का शोषण हो रहा था। सारा मुनाफा निजी हाथों में चला जाता था तथा कार्य करने वाले श्रमिक भूखे-नंगे ही रह जाते थे। इंदिरा जी की नजर कोयला उद्योग पर बहुत समय से थी। जनवरी 1972 में कोयला उद्योग का राष्ट्रीयकरण कर दिया। जनता ने इन दोनों कार्यों का समर्थन किया और वह गरीबों एवं श्रमिक वर्ग में काफी लोकप्रिय हो गई। इसके अलावा और भी लोक कल्याणकारी कदम उठाए गए—

- सख्ती से हदबंदी कानून लागू हो गया, जिसके तहत अतिरिक्त भूमि को छोटे किसानों एवं भूमिहीनों के बीच बांटा गया।
- राजस्थान के पोखरण में परमाणु विस्फोट किया गया।
- ग्रामीण बैंकों की स्थापना गांवों में हुई तथा उनसे कहा गया कि किसानों तथा लघु उद्योग चलाने वालों को कम-से-कम ब्याज दर पर पूंजी प्राप्त करवाएं।
- संसद में पारित हुए विधेयकों को निष्प्रभावी करने का अधिकार उच्चतम न्यायालय के पास नहीं होगा।
- सस्ते दामों पर खाद्यान्न देने की योजना की शुरुआत हुई।
- राज्य सरकारों ने भी कानून पारित करके इन कानूनों को राज्य में लागू किया।

लेकिन विपक्ष इंदिरा जी की उपलब्धियों से असुविधा में था। पूंजीपति इंदिरा-सरकार से मन-ही-मन खफा थे, आये दिन कोई-न-कोई षड्यंत्र इंदिरा जी के खिलाफ रचे ही जाते रहते, लेकिन वह तो एक उच्च विचारों वाली शासक थीं, उन्हें सिर्फ देश की परवाह थी और देश की जनता की।...विदेशों में उनका कद बहुत ऊंचा हो गया था और उनकी छवि अंतर्राष्ट्रीय स्तर की हो गयी थी। पूरा विश्व उनका लोहा मानने लगा था।

आपातकाल–घोषणा

आपातकाल की घोषणा यूं ही किसी राष्ट्र में नहीं होती है। उसके ठोस कारण होते हैं और वह भी एक नहीं, कई कारण होते हैं। गरीब-परिवार, महिलाएं तथा छोटे व्यवसायी तो इंदिरा गांधी से खुश थे, लेकिन बड़े बिजनेस मैन तथा राजा-महाराजा, जिनके खिलाफ इंदिरा गांधी ने कार्रवाई की थी, उनके कट्टर दुश्मन बन गए थे।

भारत के प्रधानमंत्री

कारण :

1. मध्यम वर्ग इंदिरा गांधी के खिलाफ हो गया था क्योंकि घरेलू वस्तुओं के दामों में अनावश्यक रूप से बढ़ोत्तरी हो गई थी।

2. बांग्लादेश को आजाद करने के लिए भारतीय सेना को पाकिस्तान से युद्ध करना पड़ा तथा वहां से पलायन किए एक करोड़ शरणार्थियों को भारत में शरण दी गई, जिससे अर्थव्यवस्था गड़बड़ा गई।

3. पेट्रोलियम पदार्थों की दरों में बढ़ोत्तरी होने से भारत में भी पेट्रोल, डीजल की दरों में अचानक ही बढ़ोत्तरी हो गई, जिसने रोजमर्रा की चीजें बहुत महंगी हो गई।

4. 1972-73 में लगातार सूखा पड़ने से देश में अनाज का उत्पादन नहीं हुआ। देश के कई प्रदेशों में भुखमरी फैल गई। लोग सड़कों पर आकर दंगा करने लगे।

5. देश का विदेशी मुद्रा भंडार खाली हो गया और वस्तुओं के दामों में सीधे 22 प्रतिशत इजाफा हो गया।

6. आर्थिक मंदी के कारण उद्योग-धंधे चौपट हो गए। जिससे बेरोजगारी बढ़ गई। महंगाई इतनी बढ़ गई कि सरकारी कर्मचारी भी वेतन बढ़ाने के लिए आंदोलन करने लगे। सरकार ने बड़ी निर्ममता से उन आंदोलनों को दबा दिया। 1974 की रेल हड़ताल इंदिरा गांधी के लिए सबसे खतरनाक साबित हुई। जो कर्मचारी हड़ताल पर थे, उन्हें नौकरी से निकाल दिया गया और नयी भर्ती कर ली गई यानी इस हड़ताल को बर्बरतापूर्वक दबा दिया गया। शायद यही कारण था कि रेलमंत्री ललित नारायण मिश्र को बम से उड़ा दिया गया।

इंदिरा गांधी ने परिवारवाद का समर्थन करते हुए संजय गांधी को बिना सोचे-समझे प्रतिवर्ष 50,000 मारुति कारों के निर्माण का लाइसेंस दे दिया। उन पर परिवार-मोह का आरोप लग गया और देश में उनकी जो साख थी वह समाप्त हो गई। वह बुरी तरह से बदनाम हो गई।

8. विपक्षी पार्टियों को इसका लाभ मिला और वे आंदोलनकारियों के खेमों से जा मिलीं।

● **गुजरात आंदोलन :** सर्वप्रथम गुजरात से ही आंदोलन की शुरुआत हुई। विरोधी राजनीति और असंतोष से उत्पन्न हिंसात्मक आंदोलन गुजरात में

जब भड़का तो बढ़ता ही चला गया और धीरे-धीरे इस आंदोलन में छात्रों ने भी भाग ले लिया तथा यह हिंसक आंदोलन दो माह से अधिक ही चला। लूटपाट, आगजनी, तोड़फोड़ का ऐसा दौर चला कि पुलिस को लाठियां चलानी पड़ गई। आंदोलनकारियों ने विधान सभा के सदस्यों को त्याग-पत्र देने पर मजबूर कर दिया। उन्हीं दिनों मोरारजी देसाई आमरण-अनशन पर बैठ गए। इनकी तो नेहरू परिवार से नाराजगी शुरू से ही थी। इंदिरा अब करती भी तो क्या और उन्होंने विधान सभा को बर्खास्त कर दिया तथा राज्य में आपातकाल की घोषणा हो गई। फिर विधानसभा को भंग कर आम चुनाव की घोषणा कर दी।

● **बिहार आंदोलन :** गुजरात के तर्ज पर ही बिहार में भी आंदोलन का सूत्रपात हो गया और इसकी शुरुआत छात्रों ने ही की। मार्च 1974 में छात्रों ने विधानसभा को घेर लिया। आंदोलन का दमन करने के लिए लाठी चार्ज हुआ और आंसू गैस छोड़े गए। यहां भी छात्रों का विपक्षी दलों ने भरपूर साथ दिया। आंदोलन धीरे-धीरे हिंसक हो गया और दो दर्जन से अधिक लोग बेमौत मारे गये। जयप्रकाश नारायण भी इस आंदोलन में कूद पड़े और आंदोलन का नेतृत्व करने लगे। उन्होंने अपने संबोधन में कहा कि राज्य-व्यवस्था बिगाड़ दो, लेकिन इंदिरा गांधी ने यहां दूसरा हथकंडा अपनाया। उन्होंने यहां पर आपातकाल की घोषणा नहीं की। आंदोलन अब ठंडा पड़ने लगा था, तभी इलाहाबाद उच्च न्यायालय ने 12 जून 1975 को राजनारायण द्वारा दायर किए गए मुकदमे का फैसला सुनाया। इंदिरा गांधी का चुनाव रद्द कर दिया गया और उन्हें छ: वर्षों के लिए चुनाव लड़ने से भी प्रतिबंधित कर दिया गया। यह मुकदमा इंदिरा गांधी पर चुनाव में गलत साधन अपनाकर विजय प्राप्त करने से संबंधित था। यह फैसला इंदिरा जी पर बहुत ही भारी पड़ा, लेकिन इंदिरा गांधी विचलित नहीं हुई और उन्होंने सर्वोच्च न्यायालय में अपील कर दी, नैतिकता के आधार पर विपक्षी दल इंदिरा जी से इस्तीफे की मांग करने लगे।

जनता तो भेड़चाल की आदी होती है। इतने लोगों का एक साथ इंदिरा के विरोध में होना इंदिरा पर भारी पड़ गया। किसी ने यह नहीं सोचा कि जो मामला सर्वोच्च न्यायालय में अभी फैसले का इंतजार कर रहा है, उसके लिए इतना हो-हल्ला क्या करना?

मुकदमे की सुनवाई 14 जुलाई को थी और 15 जून 1975 को ही इंदिरा के खिलाफ आंदोलन ने विकराल रूप धारण कर लिया। वरिष्ठ विपक्षी नेताओं

और जय प्रकाश ने यह फैसला किया कि पूरे देश में सविनय अवज्ञा आंदोलन चलाया जाए तथा प्रधानमंत्री आवास को घेर लिया जाए और वहां मौजूद लोगों को नजरबंद कर दिया जाए। यह कानून व्यवस्था के साथ मजाक ही था। प्रधानमंत्री को उनके परिजनों के साथ कैद करना न्याय संगत नहीं था। जयप्रकाश नारायण जैसा वरिष्ठ नेता भी ऐसा सोच सकता है, यह सुनकर आश्चर्य ही होता है।

इंदिरा गांधी को इन बातों का आभास हुआ तो वह सजग हो गई और इन हालातों से बचने के लिए राष्ट्रपति फखरुद्दीन अली अहमद से आपातकाल की घोषणा करने की स्वीकृति लिखित रूप में प्राप्त कर ली। राष्ट्रपति शासन लागू होते ही जयप्रकाश नारायण, मोरारजी और सैकड़ों नेताओं को गिरफ्तार कर जेल में डाल दिया गया। अपराधिक प्रवृत्तियों के लोग भी गिरफ्तार कर जेल में डाल दिए गए। इतना ही नहीं जमाखोरों, तस्करों और अन्य गुंडा-तत्वों को भी जेल में भर दिया गया। इस दौरान लगभग एक लाख लोग गिरफ्तार हुए। इंदिरा गांधी की इच्छा थी कि अपराधिक तत्वों को जड़ से नष्ट किया जाए तथा ढीले-ढाले प्रशासनिक तंत्र को ठीक किया जाए। संदिग्ध सरकारी कर्मचारी निलंबित कर दिए गए। सरकारी कार्यालयों में कर्मचारी टाइम से आने लगे, ट्रेनें समय से आने-जाने लगीं। लोगों में भले ही आपातकाल का भय था, पर प्रशासनिक-व्यवस्था बिल्कुल ही दुरुस्त हो गई थी, घूस लेने की प्रवृत्ति समाप्त हो गई थी।

संजय गांधी परिवार नियोजन का कार्यक्रम तो अच्छे लेकर आए, पर उनको सही ढंग से लागू नहीं किया गया। संजय गांधी का पूरा ध्यान परिवार नियोजन पर था, लेकिन जिन अधिकारियों पर इसकी जिम्मेदारी डाली गई उन्होंने गरीब व निरीह जनता पर अत्याचार ही किया। परिवार नियोजन का जो लक्ष्य था, उसको पूरा करने के लिए अधिकारियों ने बूढ़ों और किशोरों की नसबंदी कर डाली, कितने ही लोग गलत ऑपरेशन या देखभाल के अभाव में मौत के मुंह में भी समा गये। इससे इंदिरा गांधी की खुद की छवि निश्चित रूप से ही खराब हुई। आपातकाल में एक बात और भी घटी, वह थी अखबारों और रेडियो आदि पर सेंसरशिप। समाचारों के सेंसर के लिए सरकारी समीतियां बनी थीं जो कुछ भी नहीं छपने देती थीं। मौलिक अधिकारों की कोई बात जिन्दा ही नहीं रह गई थी। अगर समाचारों के प्रकाशन पर प्रतिबंध न होता तो यह सच जरूर सामने आता कि आपातकाल क्यों लागू हुआ है। इंदिरा गांधी

की बात भी जनता तक नहीं आ पा रही थी। मीडिया पर सरकार का नियंत्रण इंदिरा गांधी के लिए खतरनाक साबित हुआ। इंदिरा गांधी के इर्द-गिर्द इतने चाटुकार हो गए थे कि उनके पास जो भी खबरें आतीं, उनसे उन्हें यही लगता कि जनता आपातकाल से खुश है। चाटुकारों ने उन्हें गलतफहमी में रखा और यह कहा कि जनता में उनकी साख पहले की तरह ही है और इस समय चुनाव हुए तो वह भारी मतों से जीतेंगी।

इंदिरा जी यहीं पर मात खा गईं। उन्हें देश की स्थिति का सही-सही कोई अंदाजा ही नहीं लगा। उन्होंने झट से 18 जनवरी 1977 को घोषणा कर दी कि मार्च 1977 में लोकसभा के चुनाव होंगे। यह घोषणा होते ही राजनीतिक कैदी रिहा हो गए, मीडिया आजाद हो गया। चुनाव प्रचार और चुनावी सभाओं के लिए छूट दे दी गई।

लेकिन इंदिरा गांधी को देश के हालात का कोई ज्ञान नहीं था। इसका मूल्यांकन करना भी उन्होंने जरूरी नहीं समझा। जनता आपातकाल की पीड़ा से पीड़ित थी। जेल से रिहा राजनेता अपना दुखड़ा सुना-सुनाकर उन्हें सम्मोहित करने लगे। जनसंघ, कांग्रेस-ओ, समाजवादी दल, लोकदल यानी सबने मिलकर जनता पार्टी का गठन कर डाला। अकाली दल, डी.एम.के. तथा साम्यवाद पार्टी (एम) का समर्थन भी इस पार्टी को मिल गया।

1977 का आम चुनाव

आपातकाल में जनता ने जो दर्द, दुःख सहे थे, उसका असर इतना अधिक था कि इंदिरा गांधी के सारे लाभकारी कार्यक्रमों को तख्ते पर रख दिया तथा जेल से निकले नेताओं के लच्छेदार भाषणों में उलझकर रह गईं। जनता पार्टी ने अपनी चुनावी सभाओं में गला फाड़-फाड़कर कहा कि उन्हें आजादी दी जाएगी तथा आर्थिक स्थिति को सुधारा जाएगा। जनता ने यह तनिक भी नहीं सोचा कि कई दलों के मेल से बनी जनता पार्टी क्या टिकाऊ सरकार दे सकेगी? इंदिरा गांधी चुनाव की घोषणा करने के बाद जब चुनावी सभाओं में जाने-आने लगीं तब उन्हें मालूम पड़ गया कि जनता के बीच उनकी क्या छवि है, लेकिन चाटुकार फिर भी उन्हें सांत्वना देने में लगे थे, पर इंदिरा गांधी अब इन बातों में आने वाली नहीं थीं।

चुनाव तो होना ही था, चुनाव हुआ। परिणाम का अनुमान तो इंदिरा जी को पहले से ही था, उन्हें आश्चर्य तो नहीं हुआ, पर दुःख जरूर हुआ कि देश की जनता के लिए इतना कुछ करने के बाद भी यही नतीजा निकला!

 भारत के प्रधानमंत्री

जनता पार्टी और उसके सहयोगी दलों को 542 में से 330 सीटें मिल गईं। इंदिरा गांधी की पार्टी बस 154 सीटें ही जीत पायी। इंदिरा गांधी तथा उनके पुत्र संजय गांधी को करारी हार का सामना करना पड़ा। उत्तरी भारत के सात राज्यों की 234 सीटों में से कांग्रेस पार्टी को केवल दो सीटें ही बड़ी मुश्किल से मिली थीं, लेकिन दक्षिण भारत में कांग्रेस पार्टी का प्रभाव अच्छा रहा था क्योंकि वहां आपातकाल का प्रभाव भी कम पड़ा था तथा 20 सूत्री कार्यक्रमों को ईमानदारीपूर्वक लागू किया गया था। कांग्रेस को यहां से 92 सीटें मिलीं थीं जबकि 1971 के चुनाव में मात्र 70 सीटें ही प्राप्त हुई थीं।

विजयी जनता पार्टी में प्रधानमंत्री पद के दावेदार तीन थे–मोरारजी देसाई, जगजीवन राम, चौधरी चरण सिंह। तीनों ने ही अपनी-अपनी दावेदारी दर्ज कर दी थी, लेकिन जयप्रकाश उन दिनों के किंग मेकर थे। उनके कहने पर मोरारजी देसाई के नाम पर सर्व सहमति किसी तरह से बन सकी।

23 मार्च 1977 को मोरारजी देसाई ने पद व गोपनीयता की शपथ ली। उन दिनों मोरारजी देसाई 81 वर्ष के थे।

इंदिरा जी का भाग्योदय

जनता पार्टी कई दलों की खिचड़ी थी। हर दल दूसरे दल से भिन्न विचारों का था, जिससे पार्टी में अंतर्कलह का होना लाजिमी था। जनता पार्टी आपसी कलह की शिकार क्या हुई, मध्यावधि चुनाव की स्थिति बन गई और जनवरी 1980 में मध्यावधि चुनाव हुए।

कांग्रेस पार्टी तो एक बार पहले ही विभाजित हो चुकी थी। दूसरी बार फिर उसका विभाजन हुआ। इंदिरा गांधी ने अपनी पार्टी का नाम कांग्रेस (आई) दिया तथा दूसरे गुट का नाम कांग्रेस (यू) पड़ा। इंदिरा गांधी को बदनाम करने में ही जनता पार्टी के तीन साल निकल गए थे। कभी आपातकाल की तथाकथित अपराधिक कार्यों के लिए अदालतें गठित हुईं तो कभी बदले की भावना से उन पर अन्यायपूर्ण कदम उठाये गये। वह चिंगमलूर से जीतकर संसद में आयीं तो उनकी सदस्यता भी जनता पार्टी ने रद्द कर दी। इस फैसले को जनता ने गलत ठहराया और यह कहा कि श्रीमती गांधी पर सत्तासीन पार्टी आपसी रंजिश के कारण अत्याचार कर रही है, यह सच भी था। जनता पार्टी ने देश के विकास के लिए कोई कारगर कदम नहीं उठाया था। बस आपस में लड़ते-झगड़ते ही तीन साल

यूं ही बिता दिए थे। मध्यावधि चुनाव की घोषणा जनता पार्टी के कहने पर ही राष्ट्रपति ने की थी।

इंदिरा गांधी की पार्टी भी चुनावी मैदान में उतरी और उसने नारा दिया कि 'काम करने वाली सरकार' बनाएं। इंदिरा गांधी का यह नारा काम कर गया और उनकी पार्टी को दो तिहाई बहुमत मिला। संसद की 529 सीटों में से 363 सीटें पार्टी को मिली थीं।

सब्र का फल मीठा होता है तो इंदिरा जी को भी सब्र का मीठा फल मिला। प्रधानमंत्री का पद इंदिरा जी को मिला। 34 महीने का अज्ञातवास काटने के बाद वह पुन: सत्तासीन हो गयीं।

1977 में जनता पार्टी जब सत्ता में आई थी तो उसने राज्यों की सरकारों को भंग कर दोबारा चुनाव कराया था और तर्क दिया था कि संसद के चुनाव से साफ हो गया है कि जनता की रुचि जनता पार्टी के साथ है, कांग्रेस के साथ नहीं। इंदिरा गांधी ने भी सत्ता में आने के बाद इसी परंपरा को दोहराया और विधान-सभाओं को भंगकर दोबारा चुनाव करवाए। इसका लाभ यह हुआ कि इंदिरा गांधी की पार्टी 22 राज्यों में से 15 राज्यों में सत्ता में आ गई।

पंडित नेहरू के बाद इंदिरा गांधी ही एकमात्र ऐसी राजनेता थीं, जिनका कोई विकल्प नहीं था और न ही कोई जवाब था, फिर भी अब वह 1969 से 1977 वाली इंदिरा नहीं थीं। प्रशासन और राजनीति पर उनकी पकड़ पहले की तरह मजबूत नहीं थी। वह बहुत सोच-समझकर कोई भी निर्णय ले पाती थीं। इसका एक कारण यह था कि संजय गांधी, जो उनके राजनीतिक एवं प्रशासनिक कार्यों में बढ़-चढ़कर अपना योगदान देने लगे थे, की वायुयान दुर्घटना में मृत्यु हो गई थी। इंदिरा गांधी चाहकर भी 23 जून 1980 की उस दुखद घटना को भुला नहीं पाई थीं। वैसे उन्होंने राजीव गांधी को राजनीति में प्रवेश करा दिया था लेकिन राजीव में संजय जैसा साहस और अनुभव अभी नहीं था। उन दिनों कई राज्य आंदोलन एवं विद्रोह के दौर से गुजर रहे थे। कश्मीर, असम और पंजाब में विद्रोह और दंगे की स्थिति थी। आतंकवाद, सांप्रदायिकता की मांग से उत्तर भारत ही नहीं, दक्षिणी राज्य भी प्रभावित थे। जब 1983 में विधान सभा का चुनाव हुआ तब आंध्र प्रदेश और कर्नाटक में कांग्रेस पार्टी को हार का मुंह देखना पड़ा।

शारीरिक रूप से अशक्त और कमजोर पड़ी इंदिरा गांधी के लिए समस्याएं खतरनाक ही साबित हुईं। पंजाब में भिंडरावाले के नेतृत्व में

आतंकवाद शिखर पर था। ऐसा भी बताया जाता है कि भिंडरावाला कांग्रेस की शह पाकर ही फला-फूला था और अब कांग्रेस पर ही भारी पड़ रहा था। इंदिरा जी ने जून 1984 की शुरुआत में स्वर्ण मंदिर में सेना को भेज दिया। भिंडरावाले और उसके समर्थकों ने सेना पर आक्रमण कर दिया, सेना ने भी जवाबी हमले किए। इस कार्यवाही को 'ऑपरेशन ब्ल्यू स्टार' का नाम दिया गया। भिंडरावाले और उसके अपराधिक सहयोगी मारे गए। इस कार्यवाही के पूरा होने के बाद पता चला कि स्वर्ण मंदिर आतंकवादियों की शरण स्थली बन गया था। वहां से अत्याधुनिक हथियार भी बरामद हुए, लेकिन इस कार्यवाही से सिख खुश नहीं थे। उनका मानना था कि स्वर्ण मंदिर सिखों का धर्म स्थल है और उस पर हमला करना उनके धर्म पर आक्रमण करने के समान है।

उन्हीं दिनों गुप्तचर संस्था 'रा' ने इंदिरा जी को सूचित भी किया था कि सिखों में 'ऑपरेशन ब्ल्यू स्टार' को लेकर भारी गुस्सा है। उन्हें अपनी सिक्योरिटी टाइट कर देनी चाहिए तथा अपने सुरक्षा गार्डों से सिखों को निकाल देना चाहिए लेकिन इंदिरा जी ने 'रा' की बातों को महत्त्व नहीं दिया। वह मानती थी कि 'ऑपरेशन ब्ल्यू स्टार' आतंकवाद से निजात पाने के लिए लोकहित में उठाया गया एक कदम था, सिखों से उनकी कोई व्यक्तिगत रंजिश नहीं थी।

इंदिरा जी का यह मानना भले ही सही था, पर सिखों में इस ऑपरेशन को लेकर रोष तो था ही, इंदिरा जी को सावधानी के तौर पर ही सही, 'रा' की सलाह को मान लेना चाहिए था। 'रा' की संभावना सच साबित हुई, 31 अक्तूबर 1984 को इंदिरा गांधी को बड़ी बेरहमी के साथ मार दिया गया। उनके ही सिख सुरक्षा गार्डों ने उनको गोलियों से भून दिया था। इंदिरा गांधी सच्ची देशभक्त थीं। उनकी इच्छा थी कि वह अपने रक्त की आखिरी बूंद को भी देश पर अर्पित कर दें और ऐसा ही हुआ, लगभग 3 बजे उनके मरने की खबर मीडिया द्वारा जनता को मिली व देश शोक-संतप्त हो गया।

अपनी अनेक विशेषताओं और थोड़ी-बहुत कमियों के बाद भी इंदिरा जी का राजनीतिक ओहदा अब तक के सभी प्रधानमंत्रियों में ऊंचा ही नहीं बहुत ऊंचा है। एकाकी, दबंग, सनकी, निरंकुश और विभाजनकारी प्रवृत्तियों से संपन्न इंदिरा गांधी का मुकाबला अब तक का कोई भी प्रधानमंत्री नहीं कर सकता।

मोरारजी देसाई

(1896-1995)

1977 में जब जनता पार्टी ने चुनाव जीते तब प्रधानमंत्री पद के कई दावेदार थे। जयप्रकाश नारायण ने अगर मोरारजी देसाई का पक्ष नहीं लिया होता या साथ नहीं दिया होता तो वह शायद ही प्रधानमंत्री बन पाते।

जब पार्टी में प्रधानमंत्री पद के कई दावेदार हों और ऐसे में किसी एक को अगर प्रधानमंत्री बना दिया जाए तो आप सोच सकते हैं कि वह आदमी कितने दिन के लिए प्रधानमंत्री है और हुआ भी यही। मात्र 3 सालों में ही मोरारजी देसाई को जनता पार्टी ने अपना नेता मानने से इंकार कर दिया।

इन बातों को यहीं छोड़कर हम आगे बढ़ते हैं। मोरारजी जैसे भी हों प्रधानमंत्री बन गए। उनकी उम्र 81 वर्ष की थी। इतने बड़े देश की बागडोर वह कब तक अपने हाथ में थामे रहते। उनकी यह एक जिद्द थी, वरिष्ठता के आधार पर वह चुन लिए गए।

मीडिया, जो आपातकाल के कारण इंदिरा जी से खफा थी, जनता पार्टी के सुर-में-सुर मिलाने लगी। वह मोरारजी की प्रशंसा करने लगी, उनकी ईमानदारी और मेहनत की बातें गढ़ने लगी। सिर झुकाए, फाइल निहारते हुए मोरारजी की

भारत के प्रधानमंत्री

तस्वीरें अखबारों में छपने लगीं, देखकर ऐसा लगा जैसे वास्तव में ही मोरारजी ने देश सेवा में खुद को झोंक दिया है। लेकिन यह सच नहीं था।

मोरारजी की ईमानदारी पर तो कोई शक नहीं था, पर देश के लिए दिन-रात मेहनत करने वाली बात सही नहीं थी। 81 वर्ष की उम्र में इतनी कठोर मेहनत भला वह कैसे कर सकते थे?

मोरारजी देसाई राजनीति में आने से पहले राज्य प्रशासनिक सेवा में थे और एस.डी.एम. के पद तक पहुंचे थे। इसके बाद ही उन्होंने सरकारी नौकरी से त्यागपत्र दे दिया था और स्वतंत्रता आंदोलन में शामिल हो गए थे।

मोरारजी देसाई का जन्म 12 फरवरी 1896 को गुजरात के भदेली स्थान में हुआ था। सरकारी नौकरी से वह राजनीति में आए थे। मोरारजी ने 1930 में अंग्रेजी सरकार के खिलाफ चल रहे सत्याग्रह आंदोलन में भाग लिया तथा तब से यही उनके जीवन का लक्ष्य बन गया।

स्वतंत्रता-आंदोलन में भाग लेने के कारण अन्य नेताओं की तरह मोरारजी को भी जेल जाना पड़ा और कई वर्षों तक जेल में आना-जाना लगा रहा, एक स्वतंत्रता सेनानी के रूप में। 1947 में जब देश को आजादी मिली तब मोरारजी राजनीति में अपना स्थान बना चुके थे। उनकी रुचि ज्यादातर राज्य की राजनीति में ही थी। इसका लाभ उन्हें तब मिला जब वह महाराष्ट्र के मुख्यमंत्री बनाए गए।

इंदिरा जब 1967 में प्रधानमंत्री बनीं तब उन्हें उप-प्रधानमंत्री का पद दिया गया। वित्त मंत्रालय भी उन्हें सौंपा गया था। फिर भी मोरारजी इंदिरा जी से खुश नहीं थे और इंदिरा जी के क्रांतिकारी कदमों में बाधा उत्पन्न करते ही रहते थे। इंदिरा जी से मनमुटाव का एक कारण यह भी था कि शास्त्रीजी के निधन के बाद वह प्रधानमंत्री बनना चाहते थे, लेकिन इंदिरा जी को सर्व सहमति से नेता चुन लिया गया तो वह इंदिरा जी से मन-ही-मन ईर्ष्या करने लगे।

जनता पार्टी जब सत्ता में आई तब सबसे पहले उसने कांग्रेस का जिन राज्यों में शासन था, उन राज्यों को निलंबित कर दिया और फिर से चुनाव करवाया। जनता पार्टी, जो आदर्शों की हिमायती थी और सत्ता में इसी की वजह से आयी थी, उसके द्वारा जो यह कार्य हुआ, वह गैरकानूनी तथा लोकतंत्र के नियमों के खिलाफ था। जनता ने इसे सही नहीं ठहराया। पार्टी की साख इस कदम से निश्चित रूप से धूमिल हो गयी। जनता पार्टी ने एक दूसरा निंदनीय कार्य यह किया कि श्री नीलम संजीव रेड्डी, जो इंदिरा जी के प्रधानमंत्रित्व काल में वी.वी. गिरि से राष्ट्रपति का चुनाव हार गए थे, उन्हें

इंदिरा जी से बदला लेने के लिए जुलाई 1977 में निर्विरोध राष्ट्रपति पद के लिए चुन लिया गया।

जून 1977 में जिन राज्यों के चुनाव हुए, उनमें जनता पार्टी को ही जीत मिली और सरकार जनता पार्टी की ही बनी। केवल तमिलनाडु में जनतापार्टी को सफलता नहीं मिली। पश्चिम बंगाल में भी जनता पार्टी के सहयोगी दल सी.पी.एम. की सरकार बनी।

जनता पार्टी ने देश के लिए भले ही कार्य नहीं किया लेकिन संविधान के 44 वें संशोधन के द्वारा इंदिरा जी द्वारा आपातकाल में पारित किए गए 42 वें संशोधन में ऐसा संशोधन किया, ताकि संविधान के साथ मनमानी न किया जा सके तथा आपातकालीन ऐसे हालात से सामना फिर कभी न हो। आपातकाल में सर्वोच्च न्यायालय और उच्च न्यायालय को केन्द्र या राज्य सरकारों द्वारा बनाए गए कानूनों के विषय में फैसला लेने का अधिकार रद्द कर दिया गया था। न्यायालयों को उनके ये अधिकार वापस कर दिए गए।

मोरारजी का व्यक्तिगत जीवन

मोरारजी के जीवन पर उनके अध्यापक पिता रणछोड़ जी देसाई और माता मणिबेन के चरित्र और स्वभाव का अच्छा-खासा प्रभाव पड़ा। उनकी मां मणिबेन क्रोधी स्वभाव की थीं और पिता ठीक इसके विपरीत स्वभाव के थे। जब वह कुछ बड़े हुए तो पिता का देहांत हो गया और घर की सारी जिम्मेदारी माता मणिबेन पर ही आ गई। वह अपने घर को समर्पित मुखिया थीं, जिसने परिवार को पति की गैरहाजिरी में भी सही ढंग से संभाला।

मोरारजी की शिक्षा-दीक्षा मुंबई के एलफिंस्टन कॉलेज में हुई, जो उस समय एक महंगा कॉलेज था। मोरारजी ने छात्र जीवन में महात्मा गांधी, बाल गंगाधर तिलक तथा दूसरे कांग्रेसी नेताओं के भाषणों को सुना और आत्मसात भी किया, जिसका असर उनके पूरे जीवन पर पड़ा।

उन दिनों मुंबई प्रोविंशल सिविल सर्विस के लिए सरकार द्वारा सीधी भर्ती होती थी। मोरारजी ने आवेदन कर दिया और जुलाई 1917 में उन्हें यूनिवर्सिटी ट्रेनिंग कोर्स में प्रविष्टि मिल गई। मोरारजी ट्रेनिंग के बाद अफसर बन गए। मई 1918 में वह उपजिलाधीश के रूप में अहमदाबाद पहुंचे, लेकिन मोरारजी

ब्रिटिश शासन के तहत बड़ी मुश्किल से 11-12 साल ही सर्विस कर सके और अंतत: उन्होंने 1930 में नौकरी से त्यागपत्र दे दिया।

मोरारजी देसाई-सरकार की गलतियां

मोरारजी देसाई-सरकार की नीति थी, श्रीमती इंदिरा गांधी को सदा के लिए राजनीतिक गलियारों से दूर कर देने की। इस नीति के तहत जनता पार्टी की सरकार ने इंदिरा जी को बेवजह ही परेशान करना शुरू कर दिया, यह सिलसिला बढ़ता ही गया। गृहमंत्री चौधरी चरण सिंह थे। इंदिरा जी को बिना किसी ठोस कारण के ही गिरफ्तार कर लिया गया। चूंकि मामला आधारहीन था इसलिए एक मजिस्ट्रेट ने ही इंदिरा गांधी की जमानत ले ली। जनता ने इस कदम की निंदा की। जनता पार्टी ने अपनी इस गलती की ओर फिर भी ध्यान नहीं दिया। इंदिरा जी पर काला धन जमा करने, विदेशी बैंकों में धन जमा करने आदि आरोप लगाए, लेकिन कोई प्रमाण नहीं दे पाने के कारण कोई भी आरोप साबित नहीं हो पाया।

इसका इंदिरा जी पर अच्छा प्रभाव पड़ा। वह जनता में पुन: लोकप्रिय होने लगीं। जनता समझ गई कि जनता पार्टी के नेता इंदिरा जी से अपनी-अपनी व्यक्तिगत दुश्मनी निकाल रहे हैं। देश के विकास की ओर मोरारजी का ध्यान कभी नहीं गया। साम्प्रदायिकता उन्मूलन और सद्भावना स्थापना की बात धरी की धरी रह गई और सत्ता में आई जनता पार्टी इंदिरा जी को बदनाम करने में ही रह गई, प्रशासनिक व्यवस्था की तरफ उसका ध्यान ही नहीं गया। असम, मणिपुर एवं त्रिपुरा में दंगे भड़क उठे। अलीगढ़, रांची आदि शहरों में साम्प्रदायिक दंगे होने लगे। सरकार उन पर काबू पाने में असमर्थ रही क्योंकि कई पार्टियों से बनी जनता पार्टी खुद फूट की शिकार थी।

जो मंत्री जिस पद पर बैठा था, वह एकदम आजाद था और मनमानी कर रहा था। गृहमंत्री चौधरी चरण सिंह का अलग ही राग था। वह किसानों की समस्याओं तक ही थे, गृहमंत्रालय की बारीकियों से एक तरह से अनभिज्ञ ही थे, जिससे उनका अपने मंत्रालय पर ही नियंत्रण नहीं था। मोरारजी से उनकी बनती नहीं थी, भला ऐसी सरकार का क्या होने वाला था। देश की जनता को मोरारजी देसाई से बहुत उम्मीदें थीं, लेकिन हुआ इसका उलटा ही। कृषि और उद्योग दोनों की ही उपेक्षा हुई, कीमतों की वृद्धि जारी रही, साथ ही लोगों की तबाही भी। 1979 के अंत मक मुद्रास्फीति की दर 20 प्रतिशत हो गई।

परिणाम यह हुआ कि मोरारजी और चरण सिंह खुलकर एक-दूसरे के सामने आ गए। जुलाई 1979 में समाजवादियों की सहायता से चरण सिंह ने जनता पार्टी को बिखेर कर रख दिया। जनसंघ के 90 सदस्य भी आर.एस.एस और जनता पार्टी की दोहरी सदस्यता को मुद्दा बनाकर सरकार से अलग हो गए। अब मोरारजी करते भी तो क्या करते? 15 जुलाई 1979 को अपना इस्तीफा दे दिया।

जनता पार्टी की असलियत

1. जनता पार्टी छात्रों को साथ लेकर सत्ता तक आयी थी, लेकिन सत्तासीन होने के बाद उसने कॉलेजों और विश्वविद्यालयों की समस्याओं की ओर कोई ध्यान नहीं दिया। बहुत जल्दी ही छात्र समझ गए कि यह सरकार स्वार्थी है।

2. जनता पार्टी क्या थी...कई दलों की एक खिचड़ी थी। दलों का विलय तो हो गया था, पर प्रत्येक दल की अपनी नीतियां थीं जिससे जनता पार्टी के प्रति पार्टियां एकनिष्ठ नहीं थीं। उनका बस मकसद यही था कि जब तक हो सके सत्ता सुख भोगना है।

3. 1979 में अर्द्धसैनिक बल विद्रोह कर बैठे, जिसे शांत करने में काफी वक्त लगा। इससे साफ जाहिर हो गया कि सरकार प्रशासनिक मामलों में कितनी खोखली हो गई है।

4. नेहरू और इंदिरा-सरकार की आर्थिक योजनाएं बदले की भावना से जनता पार्टी की सरकार ने बंद कर दीं। और देश का विकास थम गया।

5. बड़े औद्योगिक संस्थान की उपेक्षा की गई, जिससे बड़े स्तर के उद्योग समाप्त हो गए। औद्योगिक व्यवस्था चौपट हो गयी, श्रमिक बेरोजगार हो गए।

6. देश की पंचवर्षीय योजना को कूड़ेदान में डाल दिया गया, जिससे विकास दर रुक गई।

7. कृषि योग्य भूमि पर जमींदारों का कब्जा हो गया। भूमि सुधार नीति समाप्त कर दी गई। छोटे किसान भुखमरी के शिकार हो गए।

8. 1978-79 में कई राज्य सूखे से प्रभावित हो गए। अन्न के सरकारी भंडार खाली हो गए। अनाजों की कीमतें बढ़ गईं। मिट्टी का तेल मिलना दुर्लभ हो गया।

9. मोरारजी सिर्फ नाम के लिए प्रधानमंत्री रह गए थे। उनका किसी भी मंत्रालय पर कोई अधिकार नहीं रहा।

10. चौधरी चरण सिंह ने बगावत कर दी। जनसंघ के सदस्य जनता पार्टी से अलग हो गए। मोरारजी की सरकार अल्पमत में आ गई। मोरारजी को इस्तीफा देना पड़ गया। वह प्रधानमंत्री तो बने, पर एक अयोग्य प्रधानमंत्री साबित हुए।

मोरारजी की सोच

1. मोरारजी धृतराष्ट्र की तरह पुत्रमोह के शिकार हो गए। वह जिद्दी थे, परिवारवाद के समर्थक थे, वह अति महत्त्वाकांक्षी भी थे, जिससे उनका मंत्रिमंडल पर कोई अधिकार नहीं रहा।

2. मोरारजी गांधीजी से प्रभावित थे और गांधीवादी नीति के दीवाने थे लेकिन गांधीजी की तरह उनमें क्षमा भाव नहीं था, निजता से ऊपर कभी वह उठ ही नहीं पाए।

3. मोरारजी अपने फैसले से पीछे नहीं हटते थे। उन्होंने गोधरा के सांप्रदायिक दंगों में हिंदुओं का पक्ष लिया था तो यह उनके दिल की आवाज थी। नौकरी से इस्तीफा देकर वह स्वतंत्रता-आंदोलन में कूद पड़े तो वह भी उनका अपना फैसला था।

4. मोरारजी एक ईमानदार और अपने कर्त्तव्य के प्रति जिम्मेदार व्यक्ति थे। वह गांधीवादी विचारधारा के थे, इसलिए उनके जीवन में अहिंसा का महत्व था। सत्य उनके जीवन का हिस्सा था। यही वजह है कि वह समझौता करना नहीं जानते थे जबकि एक राजनीतिज्ञ को समझौतावादी होना चाहिए तथा पार्टी की नीतियों का स्वागत करना आना चाहिए। मोरारजी में यह कमी थी। राजनीति में जूनियर या सीनियर में कोई भेदभाव नहीं होता, जिसके साथ बहुमत होता है, वही दल का नेता होता है। मोरारजी इस सत्य को स्वीकार नहीं करते थे तभी तो लालबहादुर शास्त्री का प्रधानमंत्री बनना उन्हें हजम नहीं हुआ। लाल बहादुर शास्त्री उनसे जूनियर थे, लेकिन बहुमत उनके साथ था।

5. जनता पार्टी की सरकार के दौरान इंदिरा जी को जिस तरह से बिना सबूत के अपमानित किया गया था, इसके लिए मोरारजी देसाई को

पूरी तरह से दोषी नहीं ठहराया जा सकता। पूरी पार्टी इसके लिए जिम्मेदार थी। वह तो कुछ खास ऐसे नेता थे, जो अपनी रंजिश निकाल रहे थे। मोरारजी करते भी क्या, उन पर आश्रित थे।

6. मोरारजी गांधीजी की तरह गीता के उपासक थे। गीता के श्लोकों को व्यवहार में भी लाते थे। उन्होंने गीता पर भी एक किताब लिखी और यह बताया कि गीता किसी सम्प्रदाय विशेष की पुस्तक नहीं है। वह गांधीजी की तरह धर्मनिरपेक्ष विचारों के थे।

7. मोरारजी स्पष्ट बोलने के लिए मशहूर थे। वह किसी भी बात पर अपने विचार तुरंत व्यक्त कर डालते थे। वह देश की संस्कृति और परंपरा से प्यार करते थे।

8. मोरारजी खाने-पीने के मामले में बहुत ही सजग रहते थे–मौसमी फलों का रस, एक गिलास दूध तथा थोड़े से ड्राई फ्रूट्स बस यही उनका भोजन था। वह स्वमूत्र पान करते थे।

9. वह रात को नौ बजे सो जाते थे और सुबह जल्दी ही बिस्तर छोड़ देते थे। उनमें आत्म-बल गजब का था। उन्होंने इस बात की घोषणा की थी कि वह सौ वर्ष तक जिंदा रहेंगे और यह मजबूत आत्म-बल का ही नतीजा था कि वह लगभग सौ साल तक जीवित रहे। उनका देहांत 1995 में हुआ था।

10. मोरारजी कई दलों से बनी जनता पार्टी की विविध पार्टियों की अलग-अलग नीतियों के कारण एक सफल प्रधानमंत्री सिद्ध नहीं हो सके। यह कहा जा सकता है कि भले ही वह एक सफल प्रधानमंत्री नहीं बने, पर एक सफल व्यक्ति तो थे ही। उनके चरित्र और सद्विचारों का अनुकरण बेहिचक किया जा सकता है। वह संयमी, चरित्रवान, सत्यनिष्ठ और आध्यात्मिक विचारधारा के व्यक्ति थे। उनका जीवन नियमबद्ध था।

चौधरी चरण सिंह

(1902-1987)

28 जुलाई 1979 को चौधरी चरण सिंह देश के पांचवें प्रधानमंत्री बने। मोरारजी की तरह ही इन्हें भी प्रधानमंत्री पद से गहरा लगाव था। तभी तो मोरारजी-सरकार को बीच में ही छोड़कर समाजवादी पार्टियों एवं कांग्रेस (यू) के कहने में आकर बगावत कर बैठे।

23 दिसंबर 1902 को उत्तर प्रदेश के मेरठ जिले के नूरपूर गांव में इनका जन्म हुआ था। चौधरी चरण सिंह किसान-परिवार से थे। वह जाति के जाट थे। पढ़ाई में इनकी रुचि सर्वाधिक थी। विज्ञान विषय में इन्होंने स्नातक की परीक्षा 1923 में पास की। विज्ञान विषय में ही इन्होंने आगरा विश्वविद्यालय से स्नातकोत्तर की परीक्षा 1925 में पास की। कानून की पढ़ाई भी इन्होंने की और गाजियाबाद में वकालत भी कीया।

चौधरी चरण सिंह का विवाह 1929 के लगभग हुआ। उनकी पत्नी का नाम गायत्री था। गायत्री देवी का मायका रोहतक जिले के गढ़ी गांव में था। उन दिनों का महौल कुछ ऐसा था कि चारों तरफ स्वतंत्रता आंदोलन की लहर

सी दौड़ गयी थी। चौधरी चरण सिंह ने वकालत छोड़ दिया और आंदोलन में कूद पड़े, बहुत जल्दी ही इन्हें कांग्रेस की सदस्यता मिल गई और इन्होंने आंदोलन में बढ़-चढ़कर अपनी भागीदारी दी, जिससे कांग्रेस पार्टी में इनका दबदबा कायम हो गया।

1937 में विधान सभा के चुनाव हुए तो छत्रवाली से इन्होंने चुनाव लड़ा और चुनाव जीत गए। 9 वर्ष तक चौधरी चरण सिंह ने छत्रवाली की जनता की तन-मन-धन से सेवा की। देश जब आजाद हुआ तब वह एक राष्ट्रीय नेता के रूप में तो नहीं जाने जाते थे, पर राज्य स्तर के नेता के रूप में तो मशहूर हो ही गए थे। 1952, 1962 और 1967 के विधान सभा चुनावों में भी वह निर्वाचित हुए। चौधरी चरण सिंह अपनी कर्मठता तथा कठोर मेहनत के कारण पार्टी के नेताओं की नजर में आ गए। जब पंडित गोविन्द वल्लभ पन्त ने उ.प्र. में अपनी सरकार बनाई तब उन्हें 'पार्लियामेंट्री सेक्रेटरी' का पद दिया गया। चरण सिंह एक कुशल एवं कर्मठ व्यक्ति थे, राजस्व, चिकित्सा एवं स्वास्थ्य, न्याय और सूचना आदि विभागों में पूरे दायित्व के साथ कार्य किया और उनके कार्यों का मूल्यांकन भी हुआ।

भाग्योदय

अब तक जो भी पद मिले थे, चौधरी चरण सिंह ने पूरी निष्ठा और ईमानदारी के साथ निभाए थे।। इस सब को देखते हुए जून 1951 में चौधरी चरण सिंह को उत्तर प्रदेश सरकार में न्याय एवं सूचना विभाग का केबिनेट मंत्री बनाया गया। यह उनके राजनीतिक जीवन की सबसे बड़ी उपलब्धि थी। 1952 में सम्पूर्णानन्द-सरकार में चरण सिंह का खास ध्यान रखा गया और उन्हें राजस्व तथा कृषि दो विशेष विभागों का मंत्री बनाया गया। चरण सिंह कृषक परिवार से थे और कृषि से उनका लगाव भी था। किसानों के भले के लिए शुरू से लड़ते भी रहे थे, लेकिन कुछ मतभेद के कारण अप्रैल 1959 में उन्होंने इस्तीफा दे दिया, तब उनके पास यातायात एवं राजस्व विभाग थे। फिर वह सम्पूर्णानंद-सरकार से बाहर ही रहे। स्थितियां तब बदलीं जब 1960 में उत्तर प्रदेश में सी.बी. गुप्ता की सरकार बनी। सी.बी. गुप्ता-सरकार में उन्हें गृह तथा कृषि विभाग मिले। चौधरी चरण सिंह का वर्चस्व अब कायम हो गया था तथा किसानों के चहेते नेता भी हो गए थे। किसानों के बीच जाना और उनकी समस्याओं को दूर करना उनके स्वभाव में शामिल हो गया था।

जब उत्तर प्रदेश में सुचेता कृपलानी की सरकार बनी तब उनकी उपेक्षा

की गई और 1966 में उन्हें स्थानीय स्वशासन विभाग मिला, जो उनके कद के अनुरूप नहीं था। बस उन्हें इतने से ही समझौता करना पड़ा।

1969 में कांग्रेस में फूट हो गयी और वह दो धड़ों में बंट गयी। चौधरी चरण सिंह कांग्रेस (ओ) के साथ हो लिए और कांग्रेस (ओ) के समर्थन से उत्तर प्रदेश के मुख्यमंत्री बन गए, लेकिन यह पद बहुत कम समय तक ही उनके पास रहा।

चौधरी चरण सिंह शुरू से ही वैचारिक स्तर पर इंदिरा जी के सख्त विरोधी थे। केन्द्र स्तर पर जब कांग्रेस पार्टी का विभाजन हुआ तब राज्य स्तर पर भी विभाजन हो गया। चरण सिंह कांग्रेस (ओ) में चले गए थे। इंदिरा जी को यह कतई मंजूर नहीं था कि कांग्रेस (ओ) का नेता उत्तर प्रदेश का मुख्यमंत्री हो। केन्द्र में इंदिरा जी की सत्ता थी। अत: उन्होंने उत्तर प्रदेश में 2 अक्टूबर 1970 को राष्ट्रपति शासन लागू करवा दिया। चरण सिंह सरकार का अस्तित्व मिट गया। इससे चरण सिंह इंदिरा जी को लेकर और भी अधिक ईर्ष्या मन में पाल बैठे।

चौधरी चरण सिंह जैसे भी रहे हों, पर उत्तर प्रदेश में उन्होंने बहुत कार्य करवाए थे। उन्हें भूमि सुधार के लिए उत्तर प्रदेश में विशेष रूप से जाना जाता है। 1939 में किसानों के कर्ज मुक्ति विधेयक को पास कराने में चरण सिंह ने ठोस भूमिका अदा की थी। 1960 के 'होल्डिंग अधिनियम' को पारित कराने वालों में सबसे प्रमुख व्यक्ति चरण सिंह ही थे। भूमि हदबंदी की दिशा में चरण सिंह के इस कदम को आज भी वाजिब ठहराया जाता है। चौधरी चरण सिंह जितने सादगी पसंद थे उतने ही कुशल व सख्त प्रशासक भी थे। वह भ्रष्टाचार के प्रबल विरोधी थे। वह सामाजिक न्याय के पक्षधर थे तथा लोक-सेवा में विश्वास रखते थे। वह लाल-फीताशाही तथा लापरवाही के घोर निंदक थे।

प्रधानमंत्री के रूप में

चौधरी चरण सिंह मोरारजी देसाई की तरह ही प्रधानमंत्री बनने के इच्छुक थे। इंदिरा जी को उनकी इस इच्छा का भान था। वह तो ऐसे ही मौके की तलाश में थीं। उन्होंने चरण सिंह की महत्त्वाकांक्षा की आग को हवा दी और कांग्रेस (आई) उनके साथ है इतना तक कह दिया। बस क्या था चौधरी चरण सिंह ने बगावत कर दी और मोरारजी देसाई-सरकार गिरा दी। उन्हें कांग्रेस

(आई) का भी समर्थन मिला और दूसरे दलों ने भी बाहर से समर्थन दिया और वह प्रधानमंत्री बन बैठे। 20 अगस्त 1979 को लोकसभा में विश्वास मत प्राप्त करना था। वह विश्वास मत प्राप्त कर लेते, लेकिन कांग्रेस (आई) ने एक दिन पहले 19 अगस्त को ही अपना समर्थन वापस ले लिया। चरण सिंह अब कैसे विश्वास मत प्राप्त करते? इंदिरा गांधी ने यूं ही समर्थन वापस नहीं लिया था। उनका कहना था कि उन पर मुकदमों की सुनवाई के लिए जो अदालतें बनी हैं, उन्हें रद्द कर दिया जाए। चरण सिंह ने यहां पर समझौता नहीं किया भले ही कुर्सी छोड़ना मंजूर था।

उन दिनों चरण सिंह के संसद से भाग जाने संबंधी खबरें छपी थीं। लोगों ने उनका मजाक उड़ाया था, लेकिन हकीकत कुछ और ही थी। चरण सिंह कोई साधारण नेता नहीं थे। उन्होंने प्रधानमंत्री का पद छोड़ दिया, पर इंदिरा गांधी के साथ सौदेबाजी नहीं की। उन्होंने अपने राजनीतिक कद के आगे प्रधानमंत्री पद को कोई महत्त्व नहीं दिया। अब चरण सिंह सीधे राष्ट्रपति के पास यह आग्रह लेकर पहुंच गए कि लोकसभा भंग कर मध्यावधि चुनाव करवाए जाएं। शायद चौधरी चरण सिंह इस गलतफहमी के शिकार थे कि इंदिरा गांधी की लोकप्रियता घट गयी है, जनता पार्टी का अस्तित्व है नहीं, वह खुद किसानों में लोकप्रिय हैं, लेकिन ऐसा कुछ भी नहीं हुआ। इंदिरा गांधी चुनाव जीतकर सत्ता में आ गई।

चौधरी चरण सिंह नयी सरकार के बनने तक यानी 14 जनवरी 1980 तक भारत के प्रधानमंत्री रहे।

चौधरी चरण सिंह मात्र 9 माह ही प्रधानमंत्री रहे, लेकिन यह कहना गलत न होगा कि एक अच्छे वक्ता थे और हंसोड़ भी थे। चौधरी साहब समय की कीमत को भी जानते थे। वह अच्छी इंग्लिश जानते थे। एबॉलिशन ऑफ जमींदारी, इंडियाज़ पॉवर्टी एण्ड इट्स सोल्यूशन, लिजेन्ड प्रोप्राइटर शिप आदि पुस्तकें भी उन्होंने लिखीं। 1980 का चुनाव हारने के बाद चरण सिंह भारतीय राजनीति से एक तरह से अलग ही हो गए क्योंकि उम्र भी अब काफी हो चली थी, लेकिन किसानों में लोकप्रिय वह अब भी थे। 29 मई 1987 को उनका निधन हो गया। चौधरी चरण सिंह मोरारजी के बाद आखिरी गांधीवादी नेता थे। हर व्यक्ति में खूबियां-कमियां होती हैं। चौधरी चरण सिंह में भी कमियां थीं, जिन्होंने एक सत्यनिष्ठ नेता होने के बाद भी उन्हें प्रधानमंत्री के पद पर रहकर कार्य नहीं करने दिया।

राजीव गांधी

(1944-1999)

राजीव गांधी देश के छठवें प्रधानमंत्री के रूप में जाने जाते हैं। 20 अगस्त 1944 को मुम्बई में राजीव गांधी का जन्म हुआ था। उनकी मां का नाम इंदिरा गांधी था। पिता का नाम फिरोज गांधी था। राजीव गांधी के नाना थे पंडित जवाहर लाल नेहरू। इंदिरा गांधी इलाहाबाद स्थित आनंद भवन में रहती थीं। 15 अगस्त 1947 में जब जवाहर लाल नेहरू अंतरिम सरकार के प्रधानमंत्री बने तो वह दिल्ली आ गए और तीन मूर्ति भवन में रहने लगे। इंदिरा गांधी भी राजीव को लेकर तीन मूर्ति भवन में आ गईं। संजय गांधी का जन्म 1946 में हुआ।

राजीव गांधी के बचपन का शुरुआती समय दिल्ली में बीता। उन दिनों फिरोज गांधी लखनऊ में रहकर नौकरी कर रहे थे। वह कभी-कभार तीन मूर्ति भवन में आकर इंदिरा गांधी सहित बच्चों से मिल लिया करते थे, लेकिन 1952 में लोकसभा का चुनाव उन्होंने लड़ा और विजयी होकर सांसद बन गए। प्रारंभ में तो वह तीन मूर्ति भवन रहे, फिर जब सरकारी आवास मिल गया तो वह वहां जाकर रहने लगे, लेकिन दिल का दौरा पड़ने के

कारण उनका निधन हो गया। ऐसे में इंदिरा जी ने बच्चों, पिता एवं खुद के दायित्वों का बखूबी निर्वहन किया।

छात्र जीवन : राजीव गांधी कुछ बड़े हो गए तो कर्जन रोड स्थित एक स्कूल में उनका दाखिला करवा दिया गया। स्कूल का नाम 'शिव निकेतन' था तथा शिक्षा एवं अनुशासन के मामले में अग्रणीय था।

शिव निकेतन से शिक्षा लेने के बाद राजीव गांधी का दाखिला सेंट कोलम्बस स्कूल में करवाया गया। राजीव गांधी एक अनुशासन प्रिय बालक थे और अपने इस गुण के कारण बहुत जल्दी ही अध्यापकों में लोकप्रिय हो गए। अपने सहपाठियों के साथ भी उनका व्यवहार मधुर था।

राजीव जब ग्यारह साल के हुए तो उनका दाखिला देहरादून के 'दून' स्कूल में हो गया। संजय भी उनके साथ थे, दोनों ही होस्टल में रहकर पढ़ाई करने लगे।

छुट्टियों में राजीव जब भी तीन मूर्ति भवन आते तो प्रधानमंत्री आवास के कर्मचारियों के बच्चों के साथ खेला करते। राजीव के मन में उन बच्चों को लेकर कोई भेदभाव नहीं थे। सबको समान समझने की भावना उनमें बचपन से ही थी, लेकिन छोटा भाई संजय शरारती था। वह बच्चों को छेड़ता तो राजीव गांधी संजय को डांटकर समझाते और कहते कि उनसे माफी मांगो।

राजीव के बाल सखाओं का जिक्र करना आवश्यक है–डॉ हरिवंश राय बच्चन के दोनों पुत्र अमिताभ व अजिताभ राजीव-संजय दोनों ही भाइयों के गहरे मित्र थे। हरिवंश राय बच्चन हिन्दी के जाने-माने कवि थे। पं. नेहरू स्वयं भी लेखक थे। उन्हें अंग्रेजी की कविताएं बहुत पसंद थीं। उन दिनों हरिवंश राय बच्चन दिल्ली में ही रह रहे थे। पं. नेहरू को जब मौका मिलता तो वह उन्हें तीन मूर्ति भवन बुलवा लेते और उनकी कविताएं उनके स्वर में सुनते, दोनों कवि हृदय थे, जिससे उनमें दोस्ती भी हो गई। इस दोस्ती का परिणाम यह हुआ कि हरिवंश राय बच्चन राज्य सभा के लिए चुन लिए गए। बच्चनजी की धर्मपत्नी से इंदिरा जी का भी गहरा लगाव हो गया था, बड़ों की मित्रता का असर बच्चों पर भी हुआ और अमिताभ-अजिताभ की भी मित्रता राजीव-संजय से हो गई, चारों दून स्कूल में ही पढ़ते थे और छुट्टियों में तीन मूर्ति भवन में खूब खेलते थे।

उम्र के साथ-साथ इस मित्रता में प्रगाढ़ता आई।

राजीव गांधी की उम्र 16 साल की हुई तब उनके पिता फिरोज गांधी का निधन हो गया। 16 वर्षीय राजीव गांधी ने ऐसे में अपनी मां को संभाला,

छोटे भाई संजय का ध्यान रखा तथा स्वयं के साहस का परिचय दिया। इसके बाद राजीव विदेश शिक्षार्जन करने चले गए। 'इंपिरियल कॉलेज' में उनका दाखिला हुआ। एक साल के बाद 'ट्रिनिटी' कॉलेज में उन्होंने दाखिला लिया तथा वहीं पर मेकेनिकल इंजीनियरिंग की शिक्षा ग्रहण की। राजीव गांधी की बाल्यावस्था पर नजर डालें तो पाएंगे कि राजीव गांधी को खिलौनों से गहरा प्रेम था और महंगे खिलौनों को भी तोड़ने-जोड़ने से बाज नहीं आते थे, उम्र के साथ-साथ यह रुचि बढ़ती ही गई। वह कार के एक-एक पुर्जे से वाकिफ़ हो गए। राजीव गांधी तेज गति से कार ड्राइव करते थे और यह आदत ताउम्र रही।

राजीव गांधी बहुत ही स्वावलंबी, मितव्ययी तथा संवेदनशील व्यक्ति थे। यही वजह थी कि जब वह विलायत में रहकर पढ़ रहे थे तब कई रेस्तरां और वर्कशॉप आदि में सर्विस भी की। वह नहीं चाहते थे कि मां पर अनावश्यक आर्थिक भार पड़े जबकि मांगने पर उन्हें पैसे मिल सकते थे। यह कहना गलत न होगा कि राजीव गांधी ने एक सामान्य छात्र का ही जीवन व्यतीत किया। यह कभी नहीं शो किया कि वह अभिजात्य वर्ग से हैं।

सोनिया से राजीव की मुलाकात पढ़ाई के दौरान ही विलायत में हुई। शिक्षा पूरी कर राजीव गांधी दिल्ली आए तो जहाज चलाने का प्रशिक्षण लेना शुरू कर दिया प्रशिक्षण पूरा होते ही उन्हें पायलट की नौकरी मिल गई।

वैवाहिक जीवन

पढ़ाई के दौरान ही इतालवी युवती सोनिया माइनों से राजीव की मुलाकात हुई थी। उन दिनों राजीव विलायत में रहकर पढ़ रहे थे। मुलाकात धीरे-धीरे दोस्ती में और फिर यह दोस्ती प्यार में बदल गई। प्यार होने के बाद प्रेमी युगल शादी करने की सोचने लगते हैं। राजीव-सोनिया भी विवाह करना चाहते थे, पर राजीव का ध्यान अपने करियर निर्माण की ओर था। उनकी इच्छा थी कि शादी जब हो तो वह स्वयं शादी की जिम्मेदारियां निभाने के काबिल हों। इसी बात को ध्यान में रखकर उन्होंने भारत आते ही वायुयान चलाने का प्रशिक्षण लिया। फिर विमान चालक की नौकरी कर ली।

अब राजीव विवाह कर सकते थे। पंडित नेहरू तो जिंदा नहीं थे, इसलिए राजीव ने इस सिलसिले में अपनी मां इंदिरा जी से बात की। इंदिरा जी ने सोनिया को दिल्ली बुलाने के लिए कहा।

सोनिया दिल्ली आ गई और राजीव के परिजनों के बीच कुछ दिनों तक रही। इंदिरा जी ने सोनिया को सहर्ष बहू के रूप में स्वीकार कर लिया, लेकिन सोनिया के पिता सोनिया के बहुत अनुनय-विनय करने के बाद इस शादी के लिए तैयार हुए। दोनों पक्ष जब तैयार हो गए तब 25 फरवरी 1968 को राजीव और सोनिया का विवाह हिन्दू विधि-विधान से संपन्न हो गया।

उस समय राजीव गांधी का राजनीति से कोई संबंध नहीं था। राजनीतिक परिवार से संबंध-भर ही था। हां, संजय गांधी राजनीति में पूरी तरह से घुस चुके थे और उनकी रुचि भी राजनीतिक कार्यों के प्रति स्वाभाविक रूप से थी। इंदिरा गांधी भी संजय को राजनीति में लाना चाहती थीं, इसलिए वह संजय को वैसे ही राजनीति का पाठ पढ़ा रही थीं जैसे पंडित नेहरू इंदिरा जी को पढ़ाया करते थे।

राजनीति में रुचि

राजनीति से राजीव गांधी का दूर-दूर का भी रिश्ता नहीं था। उनकी कोई रुचि ही नहीं थी। लेकिन आदमी को कभी वह कार्य भी करना पड़ जाता है जिसे वह करने का इच्छुक नहीं होता है, राजीव गांधी के साथ भी ऐसा ही हुआ। 23 जून 1980 का दिन संजय गांधी के लिए काला दिन साबित हुआ। इस दिन वह एक विमान दुर्घटना में अचानक ही काल के मुंह में समा गए। इंदिरा जी संजय गांधी की आकस्मिक मौत से एकदम से विचलित हो गईं। उन्हें ऐसी नाजुक घड़ी में अपनों के सहारे की जरूरत थी। राजीव गांधी से बढ़कर उनका अपना कौन था। राजीव जी को अपना फैसला बदलना पड़ा। अपनी मां के दर्द से वह वाकिफ थे। भाई संजय की मौत से वह भी आहत थे। इंदिरा जी को एक ऐसे व्यक्ति की जरूरत थी, जो उनके राजनीतिक कार्यों में सहायता करे। राजीव को इस बात का भी अहसास था, लेकिन समस्या यह थी कि राजीव गांधी को राजनीति में कोई दिलचस्पी ही नहीं थी। सोनिया गांधी भी राजनीति से कोसों दूर थीं। उनकी कोशिश थी कि राजीव गांधी राजनीति से दूर ही रहें, लेकिन राजीव जी सहृदय व्यक्ति थे। उन्होंने अपनी मां की बातों को सबसे ऊपर रखा और दबे मन से ही सही, पर इंदिरा जी के साथ रहकर सहयोग करने की बात स्वीकार कर ली। उनके जिम्मे इतने ही कार्य थे– विदेशी मेहमानों से मिलना, कांग्रेसी कार्यकर्ताओं से भेंटकर उनके विचार जानना आदि। राजीव पूरे देश में घूमकर सबसे

मिलने भी लगे। इंदिरा जी की यह कोशिश थी कि राजीव लोगों से अधिक-से-अधिक मिलें और आम जनता से बातें कर देश की राजनीति को समझें ताकि उनका मन लगने लगे।

फरवरी 1981 में दिल्ली में किसानों का महासम्मेलन आयोजित हुआ। इन्दिरा जी ने राजीव को इसकी जिम्मेदारी सौंप दी। 50 लाख किसानों की इस भीड़ को राजीव ने बड़ी कुशलता से संबोधित किया। खाद, बीज और सिंचाई की व्यवस्था तथा समस्याओं पर खुलकर बात की। खाद, बीज, सिंचाई की समस्या ही तो किसानों की मूल समस्या थी। राजीव गांधी का इस पर भाषण देना किसानों को बहुत अच्छा लगा। राजीव गांधी को अंग्रेजी भाषा का अच्छा ज्ञान था, हिन्दी पर पकड़ कम थी। उनके भाषण में कुछ त्रुटि होने के बावजूद किसानों ने उन्हें काफी पसंद किया। दूसरी बात, राजीव के शब्दों में सादगी और सच्चाई थी। सच तो यह था कि भाषा संबंधी त्रुटियां ही उनके भाषण की पहचान बन गईं। राजीव गांधी ने कोई पद स्वीकार नहीं किया था। इंदिरा जी चाहती थीं कि राजीव राजनीति में सिर्फ सक्रिय रूप से भाग ही न लें बल्कि उनकी पहुंच संसद तक भी हो। इंदिरा जी की यह इच्छा भी पूरी हो गई। जून 1981 में आठ लोकसभाओं के लिए चुनाव होने थे। युवा-कांग्रेस की राष्ट्रीय समिति ने राजीव गांधी से अनुरोध किया कि संसद में वह युवाओं का अगुवा बनकर प्रवेश करें। राजीव गांधी ने पायलट की नौकरी छोड़ दी। अमेठी से उन्होंने चुनाव लड़ने का मन बनाया। अमेठी संजय गांधी का क्षेत्र था और वहां उन्होंने सराहनीय कार्य किए थे।

राजीव गांधी ने नामांकन पत्र दाखिल करने के बाद अमेठी का दौरा किया। चुनावी सभाओं में जाकर भाषण दिया। इस सब का वहां की जनता पर सकारात्मक प्रभाव पड़ा। वह जन-जन के दिलों में बस गए।

16 जून 1981 को चुनाव का परिणाम आया। वह भारी मतों से विजयी घोषित हुए। इस जीत के बाद चीन और ब्रिटेन के विदेश मंत्रियों ने उन्हें अपने यहां बुलाया। राजीव गांधी ने कई देशों की यात्राएं कीं तथा विदेश नीति की बारीकियों को काफी हद तक समझा।

राजीव गांधी अमेठी की जनता से बहुत ही खुश थे। जो वायदे चुनाव के दौरान उन्होंने किए थे, चुनाव के बाद उन वायदों को पूरा भी किया। अमेठी का चहुमुखी विकास उनकी देखरेख में हुआ। इससे राजीव गांधी अमेठी के जन-जन के नेता बन गए। अब क्या मजाल कि कोई उन्हें वहां से हराता।

प्रधानमंत्री राजीव गांधी

राजीव गांधी ने तो इंदिरा जी को सहयोग करने के लिए राजनीति में भाग लिया था। किसी पद की लालसा उनके मन में नहीं थी, न ही वह प्रधानमंत्री बनना चाहते थे। वह तो बस इंदिरा जी का साया बनकर ही रहना चाहते थे, लेकिन होनी को कुछ और ही मंजूर था।

31 अक्टूबर 1984 का दिन नेहरू परिवार अभी तक नहीं भूल पाया है। वह दुर्घटना ही इतनी क्रूरता और बर्बरतापूर्ण थी। इस दिन इंदिरा जी के सुरक्षा गार्डों ने ही उनकी हत्या कर दी थी। 'ऑपरेशन ब्ल्यू स्टार' के बाद सिख इंदिरा जी से सख्त नाराज थे। जबकि सिखों की यह सोच गलत थी। इंदिरा जी तो एक प्रधानमंत्री थीं। देशहित में उन्होंने स्वर्ण मंदिर में सैनिक कार्यवाही की थी। उनकी मंशा किसी को नीचा दिखाने की नहीं थीं। आंतकवाद को जड़ से साफ करने के लिए यह जरूरी था। 'ऑपरेशन ब्ल्यू स्टार' के बाद सिख इंदिरा जी के दुश्मन बन गए। उन्होंने यह नहीं देखा कि जो भी हुआ, उसमें इंदिरा जी का अपना हित नहीं था।

इंदिरा जी पर जब जानलेवा हमला हुआ तब राजीव गांधी और प्रणव मुखर्जी दोनों पश्चिम बंगाल में थे। इंदिरा जी पर जानलेवा हमले की खबर मिलते ही वे दिल्ली के लिए रवाना हो गए। इंदिरा जी एम्स में पहुंचा दी गईं, लेकिन उनके जिंदा रहने की उम्मीद नहीं के बराबर थी।

रिवाज यही था कि प्रधानमंत्री का पद खाली होने पर पार्टी बहुमत के आधार पर अंतरिम प्रधानमंत्री का चुनाव करती थी। दिल्ली के लिए रवाना होने से पहले ही खबर में यह साफ कर दिया गया था कि इंदिरा जी जीवित शायद ही हैं। प्रणव मुखर्जी के मुंह से ये शब्द अचानक ही निकल गए कि अब तो प्रधानमंत्री मुझे ही बनना पड़ेगा। राजीव गांधी को उनके ये शब्द अच्छे नहीं लगे थे। इंदिरा जी अस्पताल में घायल पड़ी थीं और इधर प्रणव मुखर्जी यह सोचकर खुश हो रहे थे कि प्रधानमंत्री बनने का सपना आसानी से पूरा होने वाला है। राजीव गांधी ने मुखर्जी से कोई बात नहीं की। राजनीति इसे ही कहा जाता है, पद और कुर्सी के आगे रिश्ते जीरो होते हैं। ऐसी घड़ी में प्रणव मुखर्जी जैसे व्यक्ति को, जो इंदिरा जी के विश्वासपात्रों में से एक थे, यह कहने की जरूरत क्या थी।

वायुयान से उतरकर राजीव गांधी सीधे एम्स पहुंचे। इंदिरा जी का देहांत हो चुका था। बी.बी.सी. ने दिन में दो बजे एक न्यूज में बता भी दिया था कि इंदिरा गांधी का देहान्त हो गया है। तीन बजे आकाशवाणी ने भी इसकी पुष्टि कर दी। इंदिरा जी की मौत तो एम्स में जाने से पहले ही हो गयी थी।

राष्ट्रपति ज्ञानी जैल सिंह विदेश यात्रा से उसी रोज वापस आये थे। इंदिरा जी के निधन से वह स्वयं दुःखी थे। उन्हें अपने अधिकारों का भी बोध था। उन्हें संविधान के वे शब्द फौरन ही याद हो आए–'प्रधानमंत्री की नियुक्ति राष्ट्रपति करेगा।' संविधान के इस फार्मूले का बखूबी प्रयोग ज्ञानी जैल सिंह ने किया और आनन-फानन में ही उसी शाम को राजीव गांधी को प्रधानमंत्री की शपथ दिला दी। राजीव गांधी को विधिवत प्रधानमंत्री जब राष्ट्रपति ने संविधान प्रदत्त अधिकारों का प्रयोग करते हुए बना दिया तो फिर कोई क्या कर सकता था, सबकी बोलती बंद हो गई। पहली बार राष्ट्रपति ज्ञानी जैल सिंह ने एक राष्ट्रपति के क्या अधिकार हैं, देश को जतलाया था। फिर संसदीय दल ने भी पूरी तरह से राजीव गांधी को प्रधानमंत्री के रूप में स्वीकार कर लिया। इस तरह से राजीव गांधी अंतरिम नहीं बल्कि विधिवत् प्रधानमंत्री बन गए।

कांग्रेस के वरिष्ठ नेताओं ने भी इसका विरोध नहीं किया क्योंकि चुनाव सामने ही था, वोट राजीव गांधी के नाम पर ही पार्टी को मिलने वाले थे।

साम्प्रदायिक दंगों का सामना

इंदिरा गांधी कोई साधारण नेता नहीं थीं। वह तो उस समय जन-जन के हृदय में वास करती थीं। जब देश की जनता को पता चला कि दो सिख सुरक्षा गार्डों ने श्रीमती गांधी की बड़ी बेरहमी से हत्या कर दी तब स्थिति बड़ी नाजुक हो गई। हिन्दुओं व सिखों के बीच जगह-जगह संघर्ष शुरू हो गया। देखते-ही-देखते पूरा देश इस सांप्रदायिक दंगे की आग में धूं-धूं कर जल उठा। सिख क्या हैं, हिन्दू ही तो हैं। सिख कौम हिन्दुओं की रक्षा के लिए ही बना था। जो लोग उसमें थे, वे हिन्दू ही थे, बाद में सिख कौम बन गई। इस मर्म को किसी ने भी नहीं समझा और हिन्दुओं के हाथों सिखों की हत्या होने लगी। यह दंगा प्रतिशोध की भावना से भड़का था, जिससे धीरे-धीरे पूरे देश में फैल गया। दुकानें, कालोनियां दंगे से तबाह हो गयीं। लोग जिंदा जलाए जाने लगे। जहां जिनकी आबादी अधिक थी उनके हाथों कम आबादी वाले मारे जा

रहे थे। सन् 1984 का सांप्रदायिक दंगा कोई मामूली दंगा नहीं था। राजीव गांधी को मालूम था कि यह बदले की भावना से भड़का दंगा है। लोगों में अपने प्रिय नेता की नृशंस हत्या को लेकर रोष था। उन्होंने भरे गले से लोगों से अनुरोध किया कि हिंसा बंद करें, लेकिन भीड़ सुनती कहां है। प्रशासन-तंत्र भी एक तरह से ठंडा पड़ गया था। देश का कोई भी ऐसा भाग नहीं बचा था...सब जगह लूटपाट, मारकाट और आगजनी बस यही तीन दिन और तीन रातें अबाध गति से चलता रहा।

2 नवंबर 1984 को राष्ट्र के नाम अनुरोध–संदेश में राजीव गांधी ने कहा "मार-काट बंद करो। नफरत का यह सिलसिला खत्म करो। यह राष्ट्रहित में नहीं है।" अब अनुरोध करने से क्या होने वाला था, जो घटना था, वह तो घट चुका था। विभाजन के बाद की जैसी हिंसा देश में हुई।

धीरे–धीरे दंगा थम तो गया, लेकिन कांग्रेस (आई) पार्टी दागदार तो हो ही गई। राजीव गांधी इससे काफी शर्मसार हुए। कई आयोग बैठे, कई न्यायालय गठित हुए, लेकिन दंगा-पीड़ितों को न्याय नहीं मिला और अब तो यह मामला ठंडा ही पड़ गया है।

पंजाब समस्या

राजीव गांधी प्रधानमंत्री बन तो गये थे, पर विरासत में उन्हें समस्या ही समस्या मिली थीं। 'ऑपरेशन ब्ल्यू स्टार' के बाद भी आतंकवाद नहीं थम सका था। सिख केंद्र सरकार से नाराज थे। राजीव गांधी ने सबसे पहले अकालियों के साथ समझौता करने की कोशिश की। इसके लिए उन्होंने गांवों में बंद अकाली नेताओं को छोड़ दिया। उनमें अकाली दल के प्रमुख एच.एस. लोंगोवाल भी थे।

राजीव गांधी सुलह शांति से समस्या का हल निकालना पसंद करने वाले व्यक्ति थे।

अकाली दल ने धर्म और राजनीति को एक माना और धर्मनिरपेक्षता को सिरे से ही नकार दिया था। उनकी मांग थी कि पंजाबी सूबे का गठन किया जाए। यह मांग पंडित नेहरू के समय से ही उठती आ रही थी।

1966 में जब प्रधानमंत्री इंदिरा गांधी थीं, भाषाई आधार पर पूर्वी पंजाब का विभाजन भी हो गया और पंजाब सिखों को मिला और हरियाणा हिंदुओं को। इसके बाद भी समस्या का हल नहीं निकल सका। इससे अकाली दल

के लिए अस्तित्व का खतरा उत्पन्न हो गया। यही कारण है कि वह अलगाववाद का पक्षधर होता चला गया। अकाली दल पूर्ण स्वायत्तता चाहता था। इसका मतलब अकाली नेता भारत का एक और विभाजन करना चाहते थे। राजीव गांधी के सामने यह एक बहुत बड़ी समस्या थी। राजीव गांधी ने संत लोंगोवाल के साथ समझौता किया, पर उनकी मांगों का आकार दिन-पर-दिन बढ़ता ही चला गया और प्रमुख मांग थी कि पंजाब को अलग कर दिया जाए। लेकिन राजीव गांधी को यह स्वीकार नहीं था क्योंकि ऐसा सभी सिख नहीं चाहते थे।

सन् 1985 में राजीव गांधी ने संत लोंगोवाल के साथ मीटिंग की और समझौता हुआ, लेकिन संत लोगोंवाल सारे सिखों के प्रतिनिधि नहीं थे। संत लोगोंवाल ने चुनावों में भाग लेने की घोषणा कर दी, लेकिन आतंकवादियों ने संत लोंगोवाल की हत्या कर दी। फिर भी चुनाव में विजयी अकाली दल ही रहा और बरनाला अकाली दल के नेता चुने गए। दल ने बरनाला को ही अपना मुख्यमंत्री बनाया, लेकिन इससे समस्या का हल नहीं निकला और न इस समझौता का कोई नतीजा सामने आया। अकाली स्वयं आतंकवादियों से मिले हुए थे। उन्होंने आतंकवाद को प्रश्रय देने का ही कार्य किया। अकाली-सरकार ने जेल में बंद आतंकवादियों को आजाद कर दिया। पंजाब में आतंकवादियों की समस्या जैसी थी वैसी ही फिर से बहाल हो गई। पंजाब-समझौता धरा-का धरा रह गया।

असम की समस्या

राजीव गांधी को प्रधानमंत्री के रूप में असम की समस्या से भी दो-चार होना पड़ा। असम में बांग्लादेश से शरणार्थी के रूप में काफी संख्या में लोग आकर रह रहे थे। असम के लोगों को यह पसंद नहीं था और इसको लेकर आंदोलन जोरों पर था। इन घुसपैठियों के कारण असम की भौगोलिक, राजनीतिक और आर्थिक व्यवस्था प्रभावित हो रही थी। असम के छात्र इस आंदोलन में पूरी तरह से सक्रिय थे। इस आंदोलन में आम नागरिकों की हत्या अत्यधिक हो रही थी। जनजीवन पूरी तरह से प्रभावित हो गया था। समझौतावादी विचारधारा के राजीव गांधी ने वार्ता करने का मन बनाया और दो सूत्रीय समझौता किया। उस समझौते में था कि घुसपैठियों को भारतीय नागरिकता से 10 साल तक वंचित रखा जाएगा। वे वोट तभी दे सकते हैं जब उन्हें नागरिकता मिल जाए, लेकिन असम

की जनता ने इस समस्या का सही निदान इस समझौते को नहीं माना। वह चाहती थी कि घुसपैठियों को असम की सीमा से बाहर किया जाए। जब उन्हें नागरिकता ही नहीं मिली हुई है तो किस आधार पर असम की धरती पर 10 साल तक रहेंगे? वहां की पूरी जनता ही आंदोलन का हिस्सा बन गयी थी, क्योंकि वह केन्द्र सरकार की नीति से खुश नहीं थी।

इस समझौते के बाद असम में चुनाव हुए और कांग्रेस (ई) ने विधानसभा तथा लोकसभा दोनों ही चुनावों में हार का सामना किया। इसके बाद आंदोलन और भी उग्र हो गया। राजीव-सरकार इस शांति-समझौते के मामले में भी मुंह के बल गिर पड़ी। राजीव गांधी की यह समझौतावादी नीति उनकी लोकप्रियता को घटाने वाली ही साबित हुई।

श्रीलंका समझौता

सिंहली और तमिलों के बीच वर्षों से खूनी संघर्ष चल रहा था। तमिल तमिलनाडु के रहने वाले थे। सिंहली श्रीलंका के मूल निवासी थे। सिंहली यह नहीं चाहते थे कि तमिल श्रीलंका में रहें। ऐसे में सिंहली श्रीलंका-सरकार तमिलों को परेशान कर रही थी और उनके साथ भेदभाव पूर्ण सौतेला व्यवहार हो रहा था। श्रीलंका के उत्तरी प्रांत में तमिलों की संख्या 90 प्रतिशत और पूर्वी प्रांत में 40 प्रतिशत थी। श्रीलंका-सरकार ने तमिलों को इस हद तक परेशान कर दिया था कि दुखी होकर तमिलों ने सरकार के खिलाफ विद्रोह कर दिया था। उनका जो सशस्त्र संगठन था, वह 'लिट्टे' के नाम से मशहूर था। 'लिट्टे' की उत्पत्ति अन्याय और अत्याचार के फलस्वरूप हुई थी। लिट्टे के सदस्य स्वयं को 'तमिल टाइगर्स' भी कहा करते थे। यह संगठन समान अधिकार, जातिगत भेदभाव मिटाने और अपने अस्तित्व के लिए लड़ रहा था। श्रीलंकाई सरकार से आए दिन इस संगठन की झड़प होती ही रहती थी। जाफना प्रायद्वीप उनके कब्जे में था और उत्तरी प्रांत में उनकी ही सरकार चलती थी। वे अपने लिए एक अलग सरकार के गठन की मांग कर रहे थे। श्री लंका की सरकार कुछ भी नहीं कर पा रही थी। लिट्टे का अध्यक्ष प्रभाकरण किसी भी तरह के समझौते के लिए तैयार नहीं था।

ऐसे में श्रीलंका के राष्ट्रपति जयवर्द्धन को एक उपाय सूझा और उन्होंने राजीव गांधी के साथ समझौता करने का मन बनाया। समझौते का

सार था कि भारत श्रीलंका में शांति स्थापित करने के लिए सैनिक सहायता देगा। युद्ध 'लिट्टे' से होना था। राजीव गांधी अब तक समझौते ही तो करते आ रहे थे। वह भी असफल समझौते, बे-सिर-पैर के इस शांति समझौते से राजीव गांधी की प्रतिष्ठा तो गिरी ही राजनीतिक दिवालियापन भी सामने आ गया। लिट्टों के सामने जाना भारतीय सैनिकों के लिए बहुत ही खतरनाक साबित हुआ। सशस्त्र तमिल टाइगर्स उन पर बाघ की तरह टूट पड़े। वे युद्धकला में निपुण तो थे ही, साथ ही छापामार युद्ध की नीति भी जानते थे। वे तमिल टाइगर्स के गोला-बारूदों के शिकार होने लगे, गए थे शांति स्थापना के लिए और खुद ही अशांत हो गए। जाफना की कठिन भौगोलिक परिस्थितियों में युद्ध करना भारतीय सैनिकों के लिए नाक से चने चबाने जैसा ही था और फिर यह युद्ध श्रीलंका की माटी पर बिना किसी मकसद के लड़ा जा रहा था। भारत को इस युद्ध से कुछ भी तो नहीं मिलना था। कहना गलत न होगा कि इस निरर्थक युद्ध में अनेक भारतीय सैनिक बेमौत मारे गए। राजीव गांधी का यह समझौता भारतीय सैनिकों के लिए बहुत ही महंगा पड़ा। वे अपनी सरहद पर शहीद होते तो कोई और बात होती। मजे की बात तो यह थी कि भारतीय सेना अपने ही लोगों से लड़ रही थी। तमिल भारतीय मूल के ही तो थे। भारतीय जनता ने इसका जमकर विरोध किया। तमिलनाडु की जनता को तो राजीव गांधी की शक्ल से भी नफरत हो गई। जब तमिल टाइगर्स के आगे एक न चली तब बिना किसी निर्णय पर पहुंचे ही युद्ध रोकना पड़ा। युद्ध का कोई नतीजा तो नहीं निकला, पर सैकड़ों भारतीय सैनिक श्रीलंका की माटी पर शहीद हो गए।

इस शांति-समझौते के नाम पर जो युद्ध लड़ा गया, इसका दूरगामी प्रभाव पड़ा और लिट्टे-विद्रोहियों ने यह संकल्प ले लिया कि किसी भी तरह से राजीव गांधी को क्षमा नहीं करना है। राजीव गांधी के लिए श्रीलंका समझौता वास्तव में ही खतरनाक साबित हुआ। जब वह 21 मई 1991 में तमिलनाडु के पैरंबदूर में एक चुनावी सभा को संबोधित करने वाले थे, तभी एक बम विस्फोट में उनका निधन हो गया। समझौता का जो दौर उन्होंने शुरू किया था, वह उन पर ही भारी पड़ गया। भारतीय सेना का जो अपमानजनक हश्र हुआ वह राजीव गांधी के बेवकूफी-भरे समझौते के कारण ही हुआ।

राजीव गांधी के विकास–कार्य

ऐसा भी नहीं कि राजीव गांधी ने प्रधानमंत्री के पद पर रहकर कोई कार्य नहीं किया। उन्होंने बहुत से ऐसे विकासात्मक कार्य किए जो सराहनीय हैं–

1. शिक्षा नीति

राजीव गांधी तत्कालीन शिक्षा नीति से संतुष्ट नहीं थे। उन्होंने शिक्षा को आधुनिक तकनीकी से जोड़ा, जिससे लोग तकनीकी जानकारी के दम पर स्वरोजगार कर सकें, लेकिन अफसोस कि उनकी आकस्मिक मौत ने इस कार्यक्रम को ठीक से लागू नहीं होने दिया। राजीव गांधी ने इंदिरा गांधी मुक्त विश्वविद्यालय (इग्नू) का गठन किया ताकि गांवों में बैठे लोग भी शिक्षा प्राप्त कर सकें। इतना ही नहीं राजीव गांधी ने गरीब और पिछड़े वर्ग के लोगों के लिए नवोदय विद्यालयों का गठन किया ताकि गांवों के बच्चे भी विधिवत् शिक्षा ग्रहण कर सकें। इन विद्यालयों में रहने के लिए हॉस्टल व भोजन का भी प्रबंध करवाया। भारत में आज नवोदय जैसे विद्यालयों की जरूरत है ताकि शिक्षा का गिरता स्तर ऊपर उठ सके और गरीब एवं ग्रामीण अंचल के बच्चे भी समान रूप से शिक्षा प्राप्त कर सकें।

2. महिलाओं की भागीदारी

राजीव गांधी ने इस बात को बड़ी शिद्दत से महसूस किया कि समाज में महिलाओं की भागीदारी के बिना उन्नति असंभव है। इसलिए उन्होंने पंचायत-संस्थाओं तथा जिला परिषदों में महिलाओं को 30 प्रतिशत का आरक्षण दिया। महिला-शिक्षा को बीस सूत्रीय कार्यक्रम में महत्त्वपूर्ण स्थान दिया। दहेज को एक अपराध घोषित किया और 1986 में दहेज विरोधी कानून भी पास किया।

3. जवाहर योजना

गांवों के बेरोजगार युवकों को ध्यान में रखकर राजीव गांधी ने जवाहर रोजगार योजना का शुभारंभ किया तथा इसके लिए खर्च होने वाली 80 प्रतिशत राशि केन्द्र सरकार ने स्वीकार भी की थी, पर इसका लाभ हर राज्य में समान रूप से नहीं दिखा। यह कह सकते हैं कि राज्य सरकारों ने इस कार्यक्रम पर

भारत के प्रधानमंत्री

कोई ध्यान नहीं दिया और केन्द्र से मिली धनराशि अफसरशाही डकार गयी।

4. युवाओं की भागीदारी पर जोर

राजीव गांधी खुद युवा थे और युवा शक्ति से वाकिफ़ भी थे। सबसे पहले तो उन्होंने वोट देने की उम्र 18 वर्ष कर दी। युवाओं के लिए विविध पुरस्कारों का भी एलान किया ताकि युवा शक्ति उभरकर सामने आ सके। मानव संसाधन विकास मंत्रालय का गठन युवाओं के लिए किया। इससे खेल-विभाग को भी जोड़ा गया। तकनीकी शिक्षा पर बल दिया गया। इसके साथ ही औद्योगिक-मजदूरों की हालत में सुधार किया। पर्यावरण को कैसे ठीक रखा जा सकता है, इस पर कार्य किया। खेतीबाड़ी को विकसित रूप प्रदान किया। दल-बदल कानून बनाकर राजनीति में सुधार लाने का प्रयास किया। मीडिया को आजादी का अधिकार दिया।

इसके अतिरिक्त राजीव गांधी ने विदेश नीति पर भी बेहतर कार्य किया। श्रीलंका समझौता तो उनकी एक भूल थी। नि:शस्त्रीकरण-नीति का समर्थन किया, पड़ोसी एवं अन्य राष्ट्रों के साथ बड़े स्तर पर विदेशी व्यवसाय बढ़ाने पर बल दिया।

5. महाशक्तियों से रिश्ता

राजीव गांधी ने विश्व की महाशक्तियों से भारत के बेहतर संबंध बनाए। 1985 में राजीव गांधी ने अमेरिका की यात्रा की, फिर भी अमेरिका ने अपनी नीतियां नहीं बदलीं। अमेरिका पाक समर्थक पहले भी था और आज भी है तथा राजीव गांधी की यात्रा के बाद भी पाक समर्थक ही रहा। अफगानिस्तान में सोवियत संघ के खिलाफ गोरिल्ला-युद्ध छिड़ा था, अमेरिका उसका समर्थन कर रहा था, लेकिन राजीव ने इसका समर्थन नहीं किया। इससे सोवियत संघ से राजीव के संबंध और घनिष्ठ हुए। राजीव गांधी ने चीन के साथ भी संबंध मधुर बनाने का प्रयास किया। 1988 में उन्होंने चीन की यात्रा भी की। 34 वर्ष के बाद किसी भारतीय प्रधानमंत्री ने चीन जाने का पहली बार दुस्साहस किया था। राजीव की चीन यात्रा सफल रही। वहां उनका भरपूर स्वागत ही नहीं हुआ, सीमा विवाद को लेकर भी बातचीत हुई। व्यापार में भी विकास हुआ तथा राजनायिक संबंधों में भी सुधार हुए।

6. रक्षा नीति संबंधी कार्य

राजीव गांधी भारत को एक महाशक्ति के रूप में देखना चाहते थे। वह चाहते थे कि पाकिस्तान व चीन को कभी भी जवाब देने के लिए भारत तैयार रहे, इसलिए उन्होंने देश की सेना पर उचित ध्यान दिया। विदेशों से अत्याधुनिक शस्त्रों-अस्त्रों को खरीदा, प्रतिरक्षा खर्च बढ़ाकर दोगुना कर दिया।

- ब्रिटेन से हवाई जहाज खरीदा, जिस पर हवाई जहाजों को रखकर दूसरी जगह लाया जा सकता था।

- निर्देशित 'मिसाइल विकास कार्यक्रम' को इंदिरा जी ने शुरू किया था। राजीव गांधी ने इसमें और सुधार किया।

- अग्नि और त्रिशूल मिसाइलों का सफल परीक्षण राजीव-सरकार के दौरान ही हुआ तथा उन्हें भारतीय सेना में शामिल कर लिया गया।

- भारतीय जल सेना की शक्ति बढ़ाने के लिए सोवियत संघ से परमाणु शक्ति युक्त पनडुब्बी को लीज पर हासिल किया।

- 410 बोफोर्स तोपों की खरीदारी स्वीडन से की।

- अर्जुन लड़ाकू टैंक भी राजीव-सरकार के दौरान ही सेना में शामिल किया गया।

इसके अतिरिक्त राजीव-सरकार के दौरान हर गांव तक टेलीफोन, पेयजल, कम्प्यूटर संबंधी कार्यों आदि को भी अंजाम दिया गया। हम कह सकते हैं कि राजीव-सरकार के दौरान देश के समुचित विकास पर ध्यान दिया गया। मगर अफसोस विकास की यह यात्रा कम समय के लिए ही थी, क्योंकि चुनाव प्रचार के दौरान ही आत्मघाती बम द्वारा उनकी हत्या कर दी गई।

7

विश्वनाथ प्रताप सिंह

(1931-2008)

विश्वनाथ प्रताप सिंह एक कुटिल और कुशल राजनीतिज्ञ थे। अपने राजनीतिक जीवन में उन्होंने सराहनीय कार्य भी किए हैं, लेकिन यह कहना गलत होगा कि वह एक सफल प्रधानमंत्री थे। प्रधानमंत्री के पद तक पहुंचने के लिए उन्होंने जाने कितनी ही गंदी चालें चलीं।

25 जून 1931 को उत्तर प्रदेश के इलाहाबाद जिले में विश्वनाथ प्रताप सिंह का जन्म हुआ था। उनके पिता का नाम राजा बहादुर राय गोपाल सिंह था। उनकी पत्नी का नाम सीता कुमारी था। 23 जून 1955 को उनका विवाह सीता कुमारी से हुआ था।

छात्र जीवन

इलाहाबाद और पूना विश्वविद्यालय से इन्होंने शिक्षा ग्रहण की। बनारस स्थित उदय प्रताप कॉलेज में 1947-48 में विद्यार्थी यूनियन के अध्यक्ष भी रहे। 1957 में जब भूदान आंदोलन शुरू हुआ तो वी.पी. सिंह ने न सिर्फ इस आंदोलन में भाग लिया बल्कि अपनी भूमि भी दान कर दी।

● **राजनीति में प्रवेश :** वी.पी. सिंह अमीर घराने के थे। छात्र जीवन से ही राजनीति में रुचि लेने लगे थे। पैसे की कोई कमी न थी और राजनीति

पैसों वालों का ही खेल है। वी.पी.सिंह जब युवा थे तभी उनका संबंध कांग्रेस पार्टी से हो गया था। राजनीति में सक्रिय रूप से भाग उन्होंने 1969 से लेना शुरू कर दिया और 1969-71 में उत्तर प्रदेश विधानसभा के लिए चुनाव लड़ा और विजयी घोषित हुए। कम समय में ही लोकप्रियता के उस मुकाम को हासिल कर लिया और 9 जून 1980 में उत्तर प्रदेश के मुख्यमंत्री बन गए। 28 जून 1982 तक इस पद पर बने रहे। इसके बाद केन्द्र की राजनीति में आ गए तथा 1983 में केन्द्रीय वाणिज्य मंत्री का पद भार ग्रहण कर लिया। उनको राज्य सभा का सदस्य भी बनाया गया। इसके बाद तो वह सफलता की सीढ़ियां चढ़ते ही गए और 31 दिसंबर 1984 को उन्होंने वित्त मंत्रालय का कार्य भार संभाला।

● **कूटनीति का खेल :** वी.पी. सिंह कूटनीति में पारंगत थे। अपने वित्तमंत्रित्व काल में वी.पी. सिंह ने फेयर फैक्स की नियुक्ति की थी, जो एक अमरीकी जासूसी कंपनी थी। इस कंपनी का काम था कि किस भारतीय ने विदेशी बैंकों में विदेशी मुद्रा को गलत तरीके से जमा किया है। राजीव गांधी उन दिनों प्रधानमंत्री थे। राजीव गांधी से विवाद का कारण फेयर फैक्स कंपनी ही थी। उन दिनों एक पत्र मिला कि राजीव गांधी के अभिन्न मित्र अमिताभ बच्चन अवैध मुद्रा जमा करने के अपराधी हैं। वैसे यह पत्र सही नहीं था, सिर्फ अफवाह मात्र ही था। बस वी. पी. सिंह की कूटनीति का एक हिस्सा भर ही था ताकि राजीव गांधी का कद नीचा हो जाए। राजीव गांधी को वी. पी. सिंह की यह कूटनीति पसंद नहीं आयी और उनसे वित्त मंत्रालय लेकर प्रतिरक्षा मंत्रालय दे दिया गया। राजीव गांधी यहीं पर गलती कर बैठे।

वित्त विभाग से हटते ही विपक्षी दलों ने यह कहना शुरू कर दिया कि अमिताभ को बचाने के लिए राजीव गांधी ने वी.पी. सिंह से वित्त मंत्रालय ले लिया। राजीव गांधी का कद इससे वास्तव में घट गया। जनता में इसका गलत संदेश गया।

इसकी चर्चा अभी शांत नहीं हुई थी, तभी एक दूसरा मसला सामने आ गया। 1981 में राजीव-सरकार ने जर्मनी से 4 एच.डी. डब्लयू. पनडुब्बियों की खरीदारी की थी, वैसी ही दो अन्य पनडुब्बियों को खरीदने की बात चल रही थी। वी. पी. सिंह वित्तमंत्रालय छिन जाने के कारण खार खाए बैठे थे और वैसे भी स्वयं को राजीव गांधी से वरिष्ठ तथा योग्य समझते थे। ईर्ष्यावश या बदले की भावना वश उन्होंने पनडुब्बी मामले की जांच का आदेश राजीव

गांधी की सलाह के बिना ही दे दिया। वी.पी. सिंह के इस फैसले को गलत माना गया क्योंकि 1981 में यह सौदा हुआ था तथा इंदिरा गांधी उस समय प्रधानमंत्री थीं और रक्षा मंत्रालय उनके ही पास था। इस मामले पर पहले तो चर्चा हुई, फिर वी. पी. सिंह के इस फैसले की बहुत तीखी निंदा हुई। वी. पी. सिंह तो बहाना ढूंढ़ते थे और इससे अच्छा बहाना और क्या हो सकता था। उन्होंने राजीव-सरकार से फौरन ही इस्तीफा दे दिया।

मीडिया ने इस मामले को और बढ़ा-चढ़ाकर उछाल दिया। वी.पी. सिंह को एक ईमानदार नेता के रूप में प्रशंसा मिली। राजीव गांधी का दामन दागदार हो गया, मामले की गहराई तक कोई नहीं गया। वी. पी. सिंह की कूटनीति और रंग लाई और वह छिपकर वार करने लगे। 16 अप्रैल 1987 को स्वीडन रेडियो ने यह समाचार दिया कि भारत के साथ बोफोर्स कंपनी की 410 तोपों का सौदा हुआ था, उसमें 60 करोड़ की रकम कमीशन के रूप में दी गई थी। यह खबर भारतीय मीडिया के हाथ लगते ही पूरे देश में फैल गई। राजीव गांधी बदनाम हो गए। इस खबर का इस्तेमाल विपक्ष ने भी खूब किया, लेकिन यह भी मामला झूठा ही था और बाद में साबित भी हो गया। राजीव गांधी को भारतीय अदालत ने निर्दोष करार दिया।

लेकिन बोफोर्स मामले के रहते हुए 1989 का आम-चुनाव भी आ गया। वी. पी. सिंह और विपक्षी दलों ने इसी को चुनावी मुद्दा बनाया।

वी. पी. सिंह का इतने से भी जब मन न भरा तब वह विपक्षी दलों से जा मिले और कूटनीति को और भी अधिक निखारा। अब जनता के बीच जाकर उन्होंने यह कहना शुरू कर दिया कि कांग्रेस सरकार में अफ़सर तथा नेता भ्रष्टाचार में लिप्त हैं। जनता यह सुनकर भौचक्की रह गई। उसे वी.पी. सिंह की बातों में सत्यता का आभास होने लगा। वी.पी. सिंह ने चुनावी सभाओं में इतना तक कहा कि राजीव गांधी ने बोफोर्स तोपों के कमीशन की राशि 'लोटस' नामक विदेशी बैंक में जमा कराई है। अगर वह सत्ता में आ गए तो इस बात का प्रमाण जनता के सामने ला देंगे। वी. पी. सिंह सरकार में रहे थे, वित्त व रक्षा मंत्रालय के मंत्री भी रहे थे, उनके दावे को भला जनता कैसे न सच मानती। जनता राजीव गांधी के खिलाफ हो गई।

यह कहना गलत न होगा कि वी.पी. सिंह झूठ का सहारा लेकर सत्ता तक पहुंचना चाहते थे। उनका एकमात्र उद्देश्य यही था। भारतीय जनता ने उन्हें सर्वहारा वर्ग का नेता मान लिया और उनके झूठ को भी आत्मसात कर लिया।

राजीव गांधी की छवि खराब हो गई और वी. पी. सिंह की छवि साफ-सुथरी हो गई। वह युवाओं के मसीहा बन गए। वह मोटर साइकिल पर प्रचार करते, युवाओं के साथ घूमते और उनसे आम जनता की तरह बातें करते। चुनाव प्रचार के दौरान उन्होंने कार का प्रयोग नहीं किया ताकि जन-जन का नेता कहला सकें। छात्र विशेष रूप से उनसे प्रभावित हुए और उनसे उनकी आशाएं भी बंध गईं।

किसी ने भी यह नहीं सोचा कि वी. पी. सिंह की इस कूटनीति के पीछे क्या है। चुनाव जीतने के लिए वी. पी. सिंह ने न जाने कितनी ही चालें चलीं। राजीव गांधी के साथ जो थे, उनको भी उनसे अलग कर दिया। इसके बाद उन कांग्रेसी नेताओं को अपने साथ कर लिया, जो किसी-न-किसी बात को लेकर असंतुष्ट थे। इनमें युवा धर्मनिरपेक्ष नेता आरिफ मोहम्मद का नाम उल्लेखनीय है। आरिफ मोहम्मद का नाम महत्त्वपूर्ण इसलिए है क्योंकि आरिफ इस्लामिक कुरीतियों के खिलाफ थे और वह उन्हें समाप्त करना चाहते थे। राजीव और आरिफ अच्छे दोस्त थे, लेकिन जो उस दौरान घटा, उससे दोस्ती में दरार आ गई। उन दिनों हैदराबाद में शाहबानों को उसके पति ने तलाक दे दिया और यह मामला कोर्ट तक पहुंच गया। कोर्ट ने अपने फैसले में कहा कि शाहबानों को जीवनयापन हेतु भत्ता मिलना चाहिए, किन्तु मुस्लिमों ने इस फैसले के खिलाफ जाकर यह कहा कि मुस्लिम पर्सनल लॉ के तहत ही फैसला हो। राजीव गांधी ने ऐसे में आरिफ को सुझाव दिया कि वह इस पर एक अच्छा खासा भाषण देकर मुसलमानों से अपील करें कि उन्हें कोर्ट का फैसला मानना चाहिए, लेकिन जब आरिफ ने संसद में इस विषय पर भाषण दिया और कोर्ट के फैसले को मानने की बात पर जोर देना शुरू किया तो राजीव गांधी पर मुस्लिम नेताओं का दबाव पड़ने लगा। कांग्रेस पार्टी के अन्य नेता भी मुस्लिम वोट खोने के भय से राजीव गांधी को समझाने लगे। राजीव अब अपनी कही बात से पीछे हट गए। आरिफ को यह बात अच्छी नहीं लगी और आरिफ ने कांग्रेस पार्टी की सदस्यता से त्यागपत्र दे दिया। वी. पी. सिंह ने आरिफ को लपक लिया। इसके अलावा अरुण नेहरू सहित विद्याचरण शुक्ल, रामधन, सतपाल मलिक आदि भी राजीव गांधी से अलग हो गए और 2 अक्टूबर 1987 को अपना एक युवा मोर्चा गठित कर लिया। भारतीय जनता पार्टी का इस मोर्चे में

 भारत के प्रधानमंत्री

विलय हो गया, वामदलों का भी समर्थन मिल गया। इस तरह से राष्ट्रीय मोर्चा अस्तित्व में आ गया।

प्रधानमंत्री पद के लिए तिकड़मबाजी

वी.पी. सिंह तिकड़मबाज तो थे ही, चुनाव जीतने लायक माहौल तो बना ही लिया। 1989 में लोकसभा का चुनाव हुआ। कांग्रेस को केवल 197 सीटें ही मिलीं। राष्ट्रीय मोर्चे ने 146 सीटें प्राप्त कीं। भाजपा तथा वामदलों ने वी. पी. सिंह के राष्ट्रीय मोर्चे को समर्थन देने का फैसला कर लिया। भाजपा के पास 86 सांसद थे और वामदलों के पास 52 सांसद। सबको मिलाकर 284 सांसदों का समर्थन वी. पी. सिंह के पक्ष में आ गया। वी.पी. सिंह ने जब देखा कि प्रधानमंत्री पद के कई दावेदार मैदान में आ गए हैं तब उन्हें बहुत ही कोफ़्त हुई। चंद्रशेखर तथा देवीलाल भी मैदान में आ डटे थे। लेकिन सभी दलों की यही राय थी कि बड़ी मुश्किल से बहुमत नसीब हुआ है, आपस की लड़ाई में सत्ता से हाथ धोना न पड़ जाए। यह भी सबको पता था कि अगर वी. पी. सिंह को प्रधानमंत्री नहीं बनाया गया तो राष्ट्रीय मोर्चा का अस्तित्व बिखर सकता है। फिर सर्व सहमति से न चाहते हुए भी वी. पी. सिंह को प्रधानमंत्री बनाया गया। वी. पी. सिंह का सपना साकार हो गया। चौधरी देवीलाल को उप-प्रधानमंत्री का पद दिया गया। 2 दिसंबर 1989 को वी. पी. सिंह ने प्रधानमंत्री पद की शपथ ली, लेकिन इस पद पर आसीन होने के बाद भी वी.पी. सिंह ने अपनी कुटिलता नहीं छोड़ी। शपथ ग्रहण करने के बाद वह सीधे स्वर्ण मंदिर माथा टेकने पहुंच गए। वह शायद ऐसा कर राजीव गांधी की लोकप्रियता को नष्ट करना चाहते थे, लेकिन ऐसा कुछ भी नहीं हुआ। वह पंजाब तो बड़ी शान से घूम आए, पर पंजाब का मसला वह सुलझा नहीं सके क्योंकि खिचड़ी पार्टी के वह नेता थे और दिन-रात आपसी विरोधों को सुलझाने में ही लगे रहना पड़ता था। वह तो राजीव गांधी और कांग्रेस पार्टी पर लगे एक भी आरोप को साबित नहीं कर सके। जनता समझ गई कि वी. पी. सिंह ने सत्ता में आने के लिए चुनावी वादा किया था। फिर चुनावों के वक्त ही राजीव गांधी की हत्या हो गई, जिससे नेहरू-गांधी परिवार के प्रति जनता की सोच भी काफी नरम हो गई थी। दूसरी तरफ चंद्रशेखर और देवीलाल उनके प्रतिद्वंद्वी बन गए थे। वी. पी. सिंह डर गये थे कि कहीं ये कोई कूटनीतिक खेल न खेल जाएं।

कश्मीर समस्या

कश्मीर समस्या तो कब से चली आ रही थी। रोजाना उसका रूप खतरनाक ही होता जा रहा था। वी.पी. सिंह के वश की बात नहीं थी कि वह कश्मीर की समस्या को सुलझा सकें। उनमें इच्छा शक्ति का भी अभाव था। आतंकवाद पूरे अपने यौवन पर था। वी.पी. सिंह ने एक समिति बनाई और जार्ज फर्नाडिस को इस समिति का अध्यक्ष बना दिया और कश्मीर समस्या का कार्यभार उस समिति के कंधे पर रख दिया। अरुण नेहरू और मुफ्ती मोहम्मद सईद को भी कश्मीर मसले को निपटाने का अधिकार दे दिया और जब कश्मीर का राज्यपाल उन्होंने जगमोहन को बना दिया तो मामला और भी नाजुक हो गया। एक मसले के लिए इतने लोग नियुक्त कर दिए गए यानी उन्हें किसी पर भी भरोसा नहीं था। कश्मीर समस्या फिर भी नहीं सुलझी। हां, एक काम हुआ कि श्रीलंका से भारतीय सेना की वापसी हो गई। राममंदिर–बाबरी मस्जिद मामला भी नहीं सुलझ सका।

जगमोहन तो कश्मीर के राज्यपाल बन गए, पर मुख्यमंत्री फारुख अब्दुल्ला ने इस्तीफा दे दिया। जगमोहन ने विधानसभा को ही भंग कर दिया, फिर जगमोहन को वापस दिल्ली लाना पड़ गया।

फारुख अब्दुला ने यूं ही इस्तीफा नहीं दिया था। इसके पीछे कारण था कि राज्यपाल बनते ही जगमोहन ने विधायकों को तोड़ना शुरू कर दिया, जिससे अब्दुल्ला को यह कदम उठाना पड़ा था। ऐसे में चंद्रशेखर, ने फारुख अब्दुल्ला का समर्थन किया। राष्ट्रीय मोर्चा सिर्फ सत्ता सुख के लिए एक था। सच तो यह था कि अजीत सिंह को देवीलाल नापसंद थे और चंद्रशेखर देवीलाल से ईर्ष्या करते थे।

चौधरी देवीलाल धृतराष्ट्र की तरह पुत्रमोह में लिप्त थे। उन्होंने ओमप्रकाश चौटाला को हरियाणा का मुख्यमंत्री बना दिया। चौटाला ने फर्जी वोटों से महम की सीट अर्जित की थी, जिससे चुनाव रद्द कर दिया गया और चौटाला को इस्तीफा देना पड़ गया, लेकिन देवीलाल ने उन्हें पुनः मुख्यमंत्री के पद पर बहाल करवा दिया। इससे राष्ट्रीय मोर्चे में अंतर्द्वंद्व–सा छिड़ गया। फिर इस्तीफे का दौर शुरू हो गया। पहले आरिफ मुहम्मद, फिर अरुण नेहरू ने इस्तीफा दिया। वी.पी. सिंह ने ऐसे में धमकी दी कि अगर चौटाला मुख्यमंत्री पद से त्यागपत्र नहीं देंगे तो वह प्रधानमंत्री पद का त्याग कर देंगे।

देवीलाल ने इस धमकी का जवाब कुछ इस तरह से दिया–उन्होंने राष्ट्रपति को लिखे गए वी.पी. सिंह का पत्र दिखाया, जिसमें अरुण नेहरू तथा आरिफ

मोहम्मद के बोफोर्स सौदे में शामिल होने की बात थी। वी.पी. सिंह ने इस पत्र को आधारहीन बताया और गुस्से में आकर देवीलाल को पद से हटा दिया।

कहने का अर्थ है कि वी.पी. सिंह प्रधानमंत्री जिस तिकड़मबाजी के बल पर बने थे, उसी तिकड़मबाजी का सामना उन्हें अब करना पड़ रहा था।

मंडल कमीशन

वी.पी. सिंह ने देवीलाल को पदच्युत कर बहुत बड़ा खतरा मोल लिया। देवीलाल ने 9 अगस्त को किसान रैली का आयोजन करने का फैसला ले लिया। वी.पी. सिंह को इस बात का बोध था कि देवीलाल किसानों में काफी लोकप्रिय हैं। यह रैली अगर हुई तो उनकी कुर्सी खिसक जाएगी। इस रैली का तोड़ उन्हें मंडल कमीशन ही लगा। रैली से दो दिन पहले यानी 7 अगस्त को उन्होंने मंडल कमीशन की रिपोर्ट संसद के पटल पर धर दी। 1977-79 में मंडल कमीशन का गठन जनता पार्टी की सरकार ने किया था, लेकिन उसे लागू करने से पहले ही उसका वजूद नष्ट हो गया। फिर इंदिरा गांधी सत्ता में आ गई। उन्होंने मंडल कमीशन की रिपोर्ट बड़ी बारीकी से पढ़ी, फिर पाया कि यह रिपोर्ट अगर पारित हो गई तो जाति भेद का मसला देश को ही तबाह नहीं करेगा बल्कि कांग्रेस (ई) को भी स्वाहा कर देगा। इंदिरा गांधी ने यह सोचकर मंडल कमीशन की रिपोर्ट को एक तरफ सरका दिया। लेकिन सत्तामोह में फंसे वी.पी. सिंह ने यह सब नहीं देखा-सोचा, उन्हें तो बस अपनी कुर्सी बचाने की पड़ी थी। संसद में प्रस्तुत करने के बाद जब अनुशंसाएं लागू हुईं तो देश में आग लग गई। इसके अनुसार सरकारी नौकरियों और सार्वजनिक क्षेत्रों में पिछड़ी जातियों के लिए 27 प्रतिशत आरक्षण की व्यवस्था थी। 22.5 प्रतिशत आरक्षण तो इनके लिए पहले से ही था। अब यह बढ़कर 49.5 यानी नौकरियों का आधा हो गया, बात यहीं तक नहीं थी। इस कमीशन के दूसरे चरण के अनुसार पदोन्नति के मामले में भी आरक्षण लागू होना था। शैक्षणिक संस्थाओं में भी यह आरक्षण नीति लागू होनी थी।

छात्र यह सुनकर बौखला गए, उनका खून खौल उठा। जिन युवाओं ने, छात्रों ने, वी.पी. सिंह को अपना मसीहा माना और उन्हें जिताया उनके लिए ही वी.पी. सिंह यमराज बन गए। सवर्ण जाति के छात्रों का हौसला पस्त हो गया। उन्होंने मांग की—आरक्षण की जांच की जाए और आरक्षण प्राप्त कर सवर्णों के

बराबर आ चुके लोगों को इस सूची से निकाल दिया जाए। यह इतना आसान नहीं था। छात्र आत्मदाह करने लगे, जिंदा जलने लगे। आंदोलन, जुलूस और तोड़फोड़ शुरू हो गई, कितने ही छात्र प्राण गंवा बैठे और कितने ही जीवन-भर के लिए अपंग हो गए। देश में आत्मदाह और आत्महत्या करने का ऐसा दौर चला जो न कभी हुआ था और न होगा। वी.पी. सिंह इतने बदनाम हो गए कि मुंह दिखाना भी उनके लिए दूभर हो गया। यह उनकी कूटनीतिक राजनीति का ही नतीजा था। मंडल विरोधी आंदोलन छात्रों की ही अगुवाई में हो रहा था, पर उन्हें शिक्षक, ऑफिस कर्मचारी, अध्यापक, महिलाओं आदि का भी समर्थन प्राप्त था। यह आंदोलन पूरे भारत में था। गांव, शहर, महानगर, कस्बा सभी इसकी चपेट में थे। कई जगह गोलियां चलीं, बम के धमाके हुए, बसें फूंकी गईं, सरकारी संस्थान उजाड़ दिए गए, मामला जब काबू से बाहर हो गया तब उच्चतम न्यायालय ने 1 अक्टूबर 1990 को मंडल को लागू करने पर प्रतिबंध लगा दिया।

बात यहीं तक नहीं रही। उन्हीं दिनों 25 सितंबर को आडवाणी ने रथ यात्रा सोमनाथ से शुरू की। बिहार के मुख्यमंत्री लालू यादव थे और खुद को वी.पी. सिंह का शुभचिंतक मानते थे। रथ जब समस्तीपुर में पहुंचा तो लालू यादव ने आडवाणी को गिरफ्तार कर लिया। ऐसा उन्होंने वी.पी. सिंह को खुश करने के लिए किया था। भाजपा बिगड़ खड़ी हुई और उसने वी.पी. सिंह-सरकार से अपना समर्थन वापस ले लिया। इसी दौरान देश में दंगा भड़क उठा। 30 अक्टूबर को अयोध्या में गोली चली, राम भक्त हताहत हुए। उत्तर भारत में सांप्रदायिक दंगे भड़क उठे, हजारों लोग घायल हुए और मरे भी। अंजाम बुरा हुआ, 10 नवंबर 1990 को वी.पी. सिंह सरकार गिर गई। यह अपने एक साल के प्रधानमंत्रित्व काल में वी.पी. सिंह ने देश को झंझोड़ कर रख दिया।

वी.पी. सिंह कवि भी थे। पेंटिंग में भी उनकी रुचि थी, लेकिन वास्तव में वह सहृदय व्यक्ति नहीं थे। वह गंदी राजनीति के लिए शायद याद किए जाएं, पर अच्छे प्रधानमंत्री के रूप में कभी नहीं याद किए जाएंगे। उनका निधन 27 नवंबर 2008 को हुआ।

चंद्रशेखर

(1927-2007)

चंद्रशेखर मामूली व्यक्ति नहीं थे। उनका व्यक्तित्व बहुत ही विशाल था। वह एक कुशल राजनेता और सफल चिंतक थे। उनमें एक साथ कई योग्यताएं थीं। आचार्य नरेंद्र देव से इनका गहरा संबंध था। चंद्रशेखर एक सुयोग्य लेखक और वक्ता भी थे। उनका लिखने और बोलने का अंदाज निराला था। उन्होंने कभी भी देशहित से हटकर कोई भी घिनौना कार्य नहीं किया।

उत्तर प्रदेश स्थित बलिया जिले के गांव इब्राहिम पट्टी में 1 जुलाई 1927 को चन्द्रशेखर का जन्म हुआ था। चंद्रशेखर कृषक परिवार से थे और छात्र जीवन में ही राजनीति इनका अभिन्न हिस्सा बन गई थी। 1950-51 में राजनीति विज्ञान से इन्होंने स्नातकोत्तर शिक्षा प्राप्त की। इनका अंग्रेजी व हिंदी दोनों भाषाओं पर समान अधिकार था, अर्थशास्त्र का भी इन्हें अच्छा ज्ञान था। इनकी पत्नी का नाम दूजा देवी था।

राजनीतिक सफर

इलाहाबाद विश्वविद्यालय से स्नातकोत्तर की शिक्षा ग्रहण करने के बाद चंद्रशेखर किसी व्यवसाय में रुचि न लेकर समाजवादी आंदोलन के अभिन्न हिस्सा

बन गए। चंद्रशेखर को बलिया जिला प्रजा समाजवादी दल का सचिव बनाया गया, फिर राज्य स्तर का संयुक्त सचिव बना दिया गया। सन् 1962 में चंद्रशेखर का असली राजनैतिक सफर शुरू हुआ। इनको उत्तर प्रदेश से राज्य सभा के लिए चुन लिया गया। दलितों और पिछड़ों की उन्नति की वकालत करने के कारण चंद्रशेखर की कई प्रदेशों में अच्छी पैठ हो गयी। यह पहचान उनके राजनीतिक जीवन में मील का पत्थर ही साबित हुई। उनकी उम्र इस समय तक मात्र 35 साल की ही थी।

चंद्रशेखर गंभीर विषयों पर बड़ी बेबाकी से अपना विचार रखते थे। उनकी आवाज में ओज और शक्ति का मिश्रण था। वह जब संसद में बोलते थे तब चारों तरफ सन्नाटा-सा छा जाता था यानी सभी उनको सुनने लगते थे। उन्हें मुद्दों की राजनीति करने वाला नेता भी कहा जाता था। विपक्ष के नेता भी उनको काफी सम्मान देते थे और जटिल मामलों में उनसे विचार-विमर्श करते थे।

चंद्रशेखर 'यंग-इंडिया' नामक साप्ताहिक अखबार के संपादक भी थे। इसका संपादकीय वह स्वयं लिखते थे, जिसे पढ़ने के बाद उनकी विद्वतापूर्ण सोच का सहज ही अनुमान लग जाता था। वह समस्याओं को उठाना भी जानते थे, उन पर बोलना भी और अंत में उनका हल भी निकालना जानते थे। चंद्रशेखर की यह मूल विशेषता थी।

जून 1975 में अचानक ही आपातकाल की घोषणा हो गई। सभी नेताओं को पकड़कर जेल में डाल दिया गया। चंद्रशेखर को भी इंदिरा गांधी ने नहीं बख़्शा। अपनी बात व्यक्त करने की मनाही थी। जेल में जाने के बाद 'यंग-इंडिया' बंद हो गया। चंद्रशेखर एक लेखक भी थे, इसलिए उन्होंने जेल में भी लिखना नहीं छोड़ा और जेल से निकलने के बाद उनके विचार 'मेरी जेल डायरी' के नाम से प्रकाशित हुए। इसके अलावा 'डायनोमिक्स ऑफ चेंज' नामक पुस्तक भी छपी, जिसमें विविध पत्र-पत्रिकाओं में जो लिखा था उसको संग्रहित किया गया था।

चंद्रशेखर घुमक्कड़ स्वभाव के थे। अपने जीवन काल में अनेक प्रांतों में वह गए और वहां की आबोहवा, रहन-सहन, संस्कृति आदि सब का अध्ययन किया। इससे इनकी लोकप्रियता में और वृद्धि ही हुई। चंद्रशेखर एक कर्मठ व्यक्ति थे। कार्य को पूजा मानते थे और छोटे-से-छोटे कार्य को भी पूरे तन-मन से करते थे। वह किसी विषय पर बोलने या लिखने से पहले उस विषय को ठीक से समझ लेने में विश्वास रखते थे।

प्रधानमंत्री पद पर चंद्रशेखर

विश्वनाथ प्रताप सिंह ने जब प्रधानमंत्री पद को छोड़ा तब 10 नवंबर 1990 को चंद्रशेखर ने प्रधानमंत्री की शपथ ली। उन्हें कांग्रेस (ई) ने

भारत के प्रधानमंत्री

समर्थन दिया था। प्रधानमंत्री पद ग्रहण करने के बाद चंद्रशेखर ने अपने संयम पर नियंत्रण रखा और जिम्मेदारियों की अनदेखी नहीं की क्योंकि उनको यह पता था कि कांग्रेस (ई) के सहयोग से ही वह प्रधानमंत्री के पद पर हैं।

इतने बुद्धिमान व अनुभवी राजनीतिज्ञ होने के बाद भी चंद्रशेखर ने जाने यह क्यों नहीं सोचा कि कांग्रेस (ई) का यह समर्थन क्षणिक ही है। चंद्रशेखर हमेशा देशहित की ही वकालत करते थे, पद को महत्त्व कम ही देते थे। कांग्रेस के समर्थन से प्रधानमंत्री बनना इसलिए स्वीकार उन्होंने किया, जिससे देश को मध्यावधि चुनाव का सामना न करना पड़े।

कांग्रेस (ई) ने समर्थन वापस लिया

कांग्रेस (ई) समर्थन वापस लेने के लिए कोई बहाना ढूंढ़ रही थी। चंद्रशेखर मौका नहीं दे रहे थे। अपनी गलतियों के प्रति सचेत थे। कांग्रेस ने फिर भी एक निराधार बहाना ढूंढ़ ही निकाला। अभी चंद्रशेखर-सरकार के चार माह ही हुए थे कि चार मार्च की रात को राजीव गांधी के घर पर पाए गए दो पुलिसकर्मियों को सरकार का जासूस बता दिया गया और अफवाह उड़ा दी गयी कि चंद्रशेखर-सरकार, राजीव गांधी की जासूसी कर रही है। अगले दिन ही 5 मार्च 1991 को कांग्रेस (ई) ने अपना हाथ खींच लिया। प्रधानमंत्री चंद्रशेखर अवाक रह गए और मजबूरन उन्होंने संसद भंग कर दी तथा मध्यावधि चुनाव कराने की अनुशंसा राष्ट्रपति तक पहुंचा दी।

राष्ट्रपति रामास्वामी वेंकट रमन ने उनकी अनुशंसा स्वीकार करते हुए उनसे तब तक के लिए पद पर बने रहने को कहा। इस प्रकार 21 जून 1991 तक चंद्रशेखर प्रधानमंत्री के पद पर बने रहे।

चंद्रशेखर गलत राजनीति नहीं करते थे, इसलिए प्रधानमंत्री के पद से हटने के बाद भी उनके राजनीतिक कद में कोई कमी नहीं आई। वह इसके बाद भी एक उपयोगी सांसद बने रहे। 1995 में उन्हें सबसे अधिक योग्य सांसद का प्रथम पुरस्कार भी दिया गया। चंद्रशेखर का आश्रम भोंडसी में था और वह अवकाश के पलों में वहीं रहते थे, जहां उनसे मिलने वाले आते रहते थे। यह कहना गलत न होगा कि चंद्रशेखर की लोकप्रियता सदा ही बनी रही। एक लम्बी बीमारी के बाद 8 जुलाई 2007 को इनका निधन हो गया।

9

पी. वी. नरसिम्हा राव

(1921–2004)

भारत के नौवें प्रधानमंत्री पी. वी. नरसिम्हा राव एक कुशल एवं अनुभवी राजनेता माने जाते हैं। राजीव गांधी की आकस्मिक हत्या नहीं हुई होती तो शायद ही इन्हें प्रधानमंत्री का पद मिला होता। ये कई भाषाओं के जानकार भी थे और अच्छे वक्ता भी थे।

28 जून 1921 को आंध्र प्रदेश के वांगरा गांव करीम नगर में इनका जन्म हुआ था। पी. गंगा राव इनके पिता का नाम था। नरसिम्हा राव ने उस्मानिया विश्वविद्यालय तथा नागपुर व मुम्बई विश्वविद्यालय से शिक्षा ग्रहण की थी। इनकी पत्नी की मृत्यु जल्दी ही हो गयी थी। पी. वी. नरसिम्हा राव उर्दू, हिन्दी, तेलगू, अंग्रेजी भाषा का अच्छा ज्ञान रखते थे। उन्होंने कानून में स्नातक और स्नातकोत्तर की शिक्षा ग्रहण की थी। उन्हें संगीत, सिनेमा, थियेटर आदि से गहरा प्रेम था। द्विपाक्षिक पत्रिका का संपादन भी किया। इन्होंने स्पैनिश तथा फ्रांसीसी भाषाएं भी सीखीं। यह कहा जा सकता है कि नर सिम्हाराव बहुभाषाविद् थे।

　　　　　　　　भारत के प्रधानमंत्री

राजनीतिक सफर

नरसिम्हा राव स्वतंत्रता सेनानी थे। स्वतंत्रता-आंदोलनों में इन्होंने बढ़-चढ़कर भागीदारी दी। देश को जब आजादी मिली तो राजनीति में सक्रिय भूमिका निभाने लगे तथा क्षेत्रीय राजनीति तक ही सिमटे रहे। 1971 में श्री राव प्रांतीय राजनीति के प्रखर नेता बन गए और 1971 से 1973 तक आंध्र प्रदेश के मुख्यमंत्री भी रहे। 1969 में जब कांग्रेस पार्टी का बंटवारा हुआ तब नरसिम्हा राव इंदिरा गांधी के साथ ही रहे। आपातकाल में नरसिम्हा राव इंदिरा जी के विश्वासपात्र ही बने रहे और इसका लाभ यह हुआ कि वह 1972 तक राष्ट्रीय स्तर के नेता बन गए और उन्हें गृह, सुरक्षा, विदेश आदि मंत्रालयों का स्वतंत्र कार्यभार मिला। नरसिम्हा राव इंदिरा गांधी के प्रति एकनिष्ठ व वफादार रहे। इंदिरा जी के बाद वह राजीव गांधी के भी प्रिय रहे। इसी एकनिष्ठता का परिणाम था कि वह दक्षिण एवं आंध्र प्रदेश के प्रथम प्रधानमंत्री बने।

प्रधानमंत्री के रूप में

राजीव गांधी के निधन के बाद नेता को लेकर संकट उत्पन्न हो गया। नरसिम्हा राव के नाम को लेकर सर्व सहमति बन रही थी, लेकिन वह उन दिनों बीमार चल रहे थे और प्रधानमंत्री पद को लेकर उनके मन में जरा-सा भी उत्साह नहीं था। जब पार्टी के नेताओं का दबाव उन पर पड़ा तब भारी मन से उन्होंने सहमति जताई। सन् 1991 में ही इनको लगा था कि अब जीवन बहुत कम समय के लिए ही है, लेकिन जब संसदीय दल का नेता चुने जाने के बाद श्री राव प्रधानमंत्री बने तब इनके स्वास्थ्य में चमत्कारी रूप से बदलाव हुआ। 20 जून 1991 को उन्होंने प्रधानमंत्री पद की शपथ ली और इसके बाद श्री राव दिन-पर-दिन स्वस्थ होते चले गए।

आरोप भी लगे

श्री नरसिम्हा राव पर तो कई आरोप लगे, पर साबित नहीं हो सके। शायद वह बहुत ही भाग्यशाली थे। श्री राव ने पांच वर्ष पूरे किए, लेकिन उनका शासन काल बहुत ही संघर्षपूर्ण रहा। भ्रष्टाचार और हवाला के भी कई आरोप उन पर मढ़े गये।

हर्षद मेहता कांड इन्हीं के शासनकाल में हुआ। मेहता का कहना था कि एक बोरे में भरकर उन्हें 1 करोड़ रुपयों की रिश्वत दी गई। यह आरोप खूब उछला, लेकिन साबित नहीं हो सका। कांग्रेस पार्टी ने भी इस पर विश्वास नहीं किया, लेकिन मीडिया को कौन समझाता? कांग्रेस पार्टी के नेताओं ने बचाव में दलील दी कि एक करोड़ रुपए एक बोरे में आ ही नहीं सकते, तब हर्षद मेहता ने एक सूटकेस में एक करोड़ रुपए भरकर टीवी पर दिखा दिए थे। यह एक अफवाह थी, मामला धीरे-धीरे शांत हो गया। इस मामले के शांत होते ही एक दूसरा मामला तब उछला जब श्री राव ने अपनी सरकार को बहुमत में लाने के लिए झारखण्ड मुक्ति मोर्चा के सांसदों को अपनी तरफ कर लिया। इस मुद्दे को लेकर खूब चर्चा रही, फिर नरसिम्हा राव पर अपराध संबंधी मामला भी कोर्ट में दर्ज हुआ। निचली अदालत ने उन्हें दंड भी दे दिया, लेकिन उच्च न्यायालय ने बाइज्जत बरी कर दिया। भले ही नरसिम्हा राव पर व्यक्तिगत आरोप लगते रहे, लेकिन उन्होंने देश के लिए ढेर सारे प्रशंसनीय कार्य भी किए।

इन कांडों के बाद एक नया कांड हुआ 'सेंट किट्स' कांड। सेंट किट्स द्वीप के बैंक खाते में पूर्व प्रधानमंत्री विश्वनाथ प्रताप सिंह के बेटे का खाता होने के बारे में बताया गया था। उस खाते में एक बड़ी राशि जमा होने की बात भी कही गई थी तथा एक पत्र को भी मीडिया में बांटा गया था। वास्तव में बोफोर्स कांड में राजीव गांधी को फंसाने की जो कोशिश की गई थी, उसी का यह उत्तर था। जब इसकी छानबीन शुरू हुई तब उसे फर्जी पाया गया और इस कांड का जनक नरसिम्हा राव को बताया गया। नरसिम्हा राव पर मुकदमा चला, पर अदालत ने बरी कर दिया। इसके बाद लखु भाई पाठक-कांड हुआ, जिसका आरोप श्री राव पर ही लगा। इसमें मुद्रा की हेरा-फेरी की बात थी। इसको लेकर श्री राव पर मुकदमा चला और इसमें भी वह बरी हो गए।

श्री नरसिम्हा राव के शासनकाल में ही बाबरी मस्जिद ढाह दी गई। कहा जाता है कि श्री राव उस समय प्रधानमंत्री थे और वह कट्टर हिन्दू थे, जिससे इस मसले के प्रति वह उदासीन रहे, सुरक्षा व्यवस्था का कोई ध्यान नहीं रखा। सच जो भी हो इसके लिए प्रधानमंत्री श्री राव ही दोषी ठहराए गए। उनकी खूब निंदा हुई, मस्जिद विवादित थी, गिरा तो दी गई, लेकिन इसके बाद दिसंबर 1992 में सांप्रदायिक दंगे हो गए। नरसिम्हा राव की सरकार ने इस दंगे को रोकने के लिए भी पर्याप्त सुरक्षा का इंतजाम नहीं किया। सन् 1984 में जब

इंदिरा जी की हत्या हुई तब भी श्री राव गृहमंत्री थे। वह चाहते तो दंगे पर काबू पा सकते थे, लेकिन उस समय भी चुप ही रहे। हो सकता है कि श्री राव के सामने कोई मजबूरी हो, पर जनता उनसे नाराज थीं।

श्री राव पांच वर्ष तक प्रधानमंत्री तो रहे, पर कोई न कोई आरोप उनका पीछा करता रहा और वह आरोप से मुक्त होते रहे।

आर्थिक नीति

श्री राव एक विद्वान व्यक्ति तो थे ही, साथ ही उनके पास अनुभव भी था। उन्होंने तीन सूत्री कार्यक्रम चलाएं–निजीकरण, वैश्वीकरण और सरलीकरण। इसका अर्थ यह है कि श्री राव ने वित्तीय व्यवस्था को विश्व बाजार के लिए खोल दिया। जो उद्योग सरकारी नियंत्रण में थे, उन्हें निजी कंपनियों को दे दिया गया। लाल फीताशाही और लाइसेंस-राज को रद्द कर दिया गया। इससे ढेरों निवेशक आगे आए तथा वित्तीय मामले में देश की हालत अच्छी हो गई। विदेशी निवेशकों ने भी भारत में निवेश करना शुरू कर दिया।

उस समय वित्तमंत्री मनमोहन सिंह थे और इस आर्थिक सुधार में उनके योगदान को भुलाया नहीं जा सकता। इस आर्थिक नीति के कारण श्री राव व मनमोहन सिंह की खूब आलोचना भी हुई, लेकिन नरसिम्हा राव पर इसका कोई असर नहीं हुआ और वह अपने निर्णय पर अटल रहे। परिणाम यह हुआ कि देश की विकास-दर तेजी से बढ़ गई।

निर्यात को बढ़ाने के लिए भारतीय मुद्रा का अवमूल्य भी हुआ तथा सरकारी खर्च में काटौती भी हुई जिससे राव-सरकार को आलोचना का सामना भी करना पड़ा, लेकिन श्री राव पीछे नहीं हटे और उन्होंने इस कार्य में वित्तमंत्री का पूरा साथ दिया। राव-सरकार ने भारत की कंपनियों को भी दूसरे देश में जाकर व्यवसाय करने की इजाज़त दे दी, लेकिन 3 वर्षों के बाद आर्थिक विकास की गति बहुत ही धीमी पड़ गई, क्योंकि कई प्रांतों में कांग्रेस की सरकार सत्ता में नहीं आई।

नरसिम्हा राव ने सामने आई समस्याओं का डटकर सामना किया और जो देशहित में लगा उसको करके ही दम लिया। आर्थिक नीति के विरोधी वही लोग थे, जो विध्वंसकारी प्रवृत्ति के थे। जनता के सामने विरोधियों ने राव-सरकार की आर्थिक नीतियों को कुछ इस तरह से रखा कि कांग्रेस की छवि खराब हो गई और जब 1996 में आम चुनाव हुए तो कांग्रेस को

करारी हार मिली। इस चुनाव में भारतीय जनता पार्टी को जनाधार प्राप्त हुआ था, पर सरकार बनाने लायक बहुमत उसके पास भी नहीं था।

अटल बिहारी वाजपेयी प्रधानमंत्री बने, लेकिन बहुमत सिद्ध न करने के कारण सरकार 13 दिन में ही चारों खाने चित्त पड़ गई। नरसिम्हा राव के शासन काल में इतने कांड हो चुके थे कि पार्टी की हार का सारा दोष उन पर मढ़ दिया गया और सोनिया गांधी को आगे आना पड़ गया।

नरसिम्हा राव का विश्लेषण

- बाबरी मस्जिद के गिर जाने के बाद नरसिम्हा राव ने मुस्लिमों को उर्दू भाषा में संबोधित किया और हिन्दुओं को संस्कृत मिश्रित भाषा से संबोधित किया।

- नरसिम्हा राव पर हिन्दू समर्थक होने का आरोप लगा।

- नरसिम्हा राव पहले ऐसे व्यक्ति थे, जो दक्षिण भारतीय प्रधानमंत्री बने थे और पूरे पांच वर्ष शासन किया।

- नरसिम्हा राव ने आंध्र प्रदेश में कांग्रेस की स्थिति को मजबूत बनाया।

- नरसिम्हा राव असली कांग्रेसी नेता थे। पार्टी ने उन्हें हाशिए पर कर दिया, फिर भी उनकी निष्ठा कांग्रेस पार्टी के प्रति बनी रही। वह किसी दूसरी पार्टी में शामिल नहीं हुए।

- पी. वी. नरसिम्हा राव का पूरा नाम परबमुल पार्थी वेंकट नरसिम्हा राव था। इनका निधन 23 दिसंबर 2004 को हुआ।

इन्होंने तेलुगू भाषा के उपन्यास 'सहस्त्र फण' का हिन्दी में रूपांतरण किया। इन्होंने 'दि इंसाइडर' उपन्यास भी लिखा और राम मंदिर तथा बाबरी मस्जिद विवाद पर एक पुस्तक भी लिखी। पार्टी से संन्यास लेने के बाद नरसिम्हा राव ने अपने जीवन के अंतिम दिनों का इस्तेमाल इस तरह से किया। नरसिम्हा राव बेशक एक विद्वान व्यक्ति थे, जो भी किया सार्थक किया।

 भारत के प्रधानमंत्री

10

अटल बिहारी वाजपेयी

अटल बिहारी वाजपेयी एक जिन्दादिल व्यक्ति के रूप में याद किए जाते हैं। पहली बार जब यह प्रधानमंत्री बने तो बहुमत के अभाव में बस 13 दिन ही प्रधानमंत्री पद पर रह पाए, लेकिन जब दूसरी बार प्रधानमंत्री बने तो 14 माह प्रधानमंत्री के पद पर रहे और तीसरी बार प्रधानमंत्री बने तो पूरे पांच वर्ष तक शासन किया। 25 दिसंबर 1924 को ग्वालियर स्थित लश्कर में वाजपेयी का जन्म हुआ था। उनके पिता का नाम, पंडित कृष्ण बिहारी वाजपेयी था, जो पेशे से अध्यापक थे। उनकी मां कृष्णा देवी घरेलू महिला थीं। वाजपेयी के तीन बड़े भाई और तीन बहनें थीं।

अटल जी की आरंभिक शिक्षा-दीक्षा बड़नगर में हुई। स्कूल का नाम गोरखी विद्यालय था। वह आठवीं तक इसी विद्यालय में पढ़े और एक कुशल वक्ता की छवि यहीं से प्राप्त हुई।

आठवीं की पढ़ाई पूरी करने के बाद इनका दाखिला विक्टोरिया कॉलेजियट स्कूल में हुआ। 12 वीं तक की शिक्षा इन्होंने यहीं से ली। वह वाद-विवाद प्रतियोगिता में भी भाग लिया करते थे और प्रथम आते थे। 12 वीं के बाद

विक्टोरिया कॉलेज में स्नातक की शिक्षा लेने के लिए इनका दाखिला करा दिया गया। इन्होंने संस्कृत, हिन्दी तथा अंग्रेजी तीनों भाषाओं से स्नातक किया। अटल जी की रुचि पढ़ाई के साथ-साथ राजनीतिक गतिविधियों में भी थी। पहले तो वह छात्र संगठन से जुड़े। उन दिनों नारायण राव तरटे राष्ट्रीय संघ सेवक संघ के प्रमुख सदस्य थे। वाजपेयी जी इनसे काफी प्रभावित हुए। छात्र जीवन में ही अटल जी राष्ट्रीय स्वयं सेवक शाखा के प्रभारी बन गए। उन्होंने कविताएं लिखनी भी शुरू कर दीं। 1943 में कॉलेज यूनियन के सचिव पद पर भी रहे तथा 1944 में उपाध्यक्ष पद को भी सुशोभित किया।

स्नातक परीक्षा इन्होंने प्रथम श्रेणी से उत्तीर्ण की, जिससे ग्वालियर-सरकार ने आगे पढ़ने के लिए इन्हें छात्रवृत्ति भी दी।

आगे की पढ़ाई के लिए वाजपेयी जी कानपुर आ गए और इन्होंने डी.ए.वी. कॉलेज में दाखिला लिया। मजे की बात है कि एम.ए. और एल.एल.बी. दोनों में एक साथ दाखिला लिया। यहां भी विद्यार्थी संघ का कार्यभार संभाला तथा एम. ए. की परीक्षा प्रथम श्रेणी से उत्तीर्ण की, लेकिन लॉ की शेष पढ़ाई पूरी नहीं कर सके, कानपुर से वह लखनऊ आ गए। वह पी.एच.डी. करना चाहते थे, लेकिन यह इच्छा भी पूरी नहीं हो सकी।

राजनीतिक सफर

वाजपेयी एक पत्रकार भी थे। यह कहना गलत न होगा कि उनका राजनीतिक सफर पत्रकारिता के साथ-साथ ही बढ़ता रहा। सबसे पहले वह 'राष्ट्रधर्म', समाचार पत्र के लिए सह-सम्पादक नियुक्त हुए। यह समाचार पत्र पंडित दीनदयाल उपाध्याय के संपादन में निकल रहा था। वाजपेयी ने प्रखर लेखों से 'राष्ट्रधर्म' में जान फूंक दी और यह समाचार-पत्र धीरे-धीरे बहुत लोकप्रिय हो गया। प्रसार बढ़ जाने पर पत्र का अपना प्रेस 'भारत प्रेस' के नाम से हो गया। राष्ट्रधर्म की सफलता को देखते हुए एक साप्ताहिक पत्र 'पांचजन्य' का प्रकाशन भी शुरू हो गया, जिसका संपादक वाजपेयीजी को बनाया गया।

उन्हीं दिनों 30 जनवरी 1948 को महात्मा गांधी की हत्या नाथूराम गोडसे ने कर दी। गोडसे राष्ट्रीय स्वयं सेवक संघ का सदस्य था। संघ को प्रतिबंधित तो कर ही दिया गया, साथ ही भारत प्रेस पर भी ताला लटक गया। अटल जी लखनऊ से इलाहाबाद आ गए और 'क्राइसिस टाइम्स' अंग्रेजी साप्ताहिक के लिए कार्य करने लगे। वाजपेयी जी वहां तब तक काम

करते रहे जब तक राष्ट्रीय स्वयं सेवक संघ पर प्रतिबंध लगा रहा। प्रतिबंध के हटते ही अटल जी लखनऊ आ गए और वह 'स्वदेश' दैनिक-पत्र के संपादन में जुट गए। 'स्वदेश' की संपादकीय से अटल जी को लोकप्रियता भी मिली और वह लोगों की नजर में भी आ गए। फिर अचानक ही 'स्वदेश' बंद हो गया और अटल जी दिल्ली आ गए। यहां से छपने वाले पत्र 'वीर अर्जुन' का संपादन करने लगे।

उन्हीं दिनों सरकार ने आर.एस.एस. पर कई तरह के आरोप लगाकर उसे प्रतिबंधित कर दिया। तब संघ ने भारतीय जनसंघ दल का गठन किया, जो धार्मिक नहीं बल्कि राजनीतिक विचारों से ओतप्रोत दल था। भारतीय जनसंघ का अध्यक्ष डॉक्टर श्यामा प्रसाद मुखर्जी को बनाया गया। अटल जी भी इस पार्टी में शामिल हो गए और सचिव के पद पर रहकर कार्य करने लगे।

1952 के आम चुनावों में भारतीय जनसंघ ने पहली बार भाग लिया। इस पार्टी का चुनाव चिह्न दीपक था। चुनाव में कोई सफलता नहीं मिली, लेकिन यह पार्टी जनहित के कार्यों में लगी रही। कश्मीर का मसला उस समय भी था। डॉक्टर श्यामा प्रसाद अटल जी के साथ कश्मीर के दौरे पर गए। वहां के हिंदुओं को उनके अधिकारों के बारे में बताया, लेकिन सरकार ने इस कार्य को सांप्रदायिकता का नारा देकर डॉ. श्यामा प्रसाद को गिरफ्तार कर जेल में डाल दिया, बाद में डॉक्टर श्यामा प्रसाद की 23 जून 1953 में जेल में ही मौत हो गई।

अब भारतीय जनसंघ का कार्यभार अटल जी पर आ गया। 1957 के आम चुनावों में पार्टी ने भाग लिया और उसे चार सीटें मिलीं। अटल जी भी उन विजयी चार उम्मीदवारों में से थे और बलरामपुर सीट से चुनाव जीतकर पहली बार लोकसभा में पहुंचे। अटल जी कश्मीर समस्या की संवेदनशीलता से वाकिफ़ थे और कश्मीर की समस्या पर उन्होंने अपने विचार भी रखे तथा यहां तक कहा कि कश्मीर का मामला कब का सुलझ गया होता यदि मामला संयुक्त राष्ट्रसंघ में नहीं गया होता, समस्या का हल तो भारत ही निकाल सकता है।

अटल जी के वक्तव्य में दम था। कश्मीर समस्या का हल संयुक्त राष्ट्रसंघ ने अभी तक कहां ढूढ़ा है? हमला तो पाकिस्तान ने ही किया था। भारत को तो हमलावर को करारा जवाब देना चाहिए था। बस सैनिक कार्यवाही करने की जरूरत थी। अटल जी ने कोई गलत भी नहीं कहा था। संसद ने उनको धैर्यपूर्वक सुना। इसके बाद तो अटल जी की संसद में एक अलग ही छवि लेकिन फिर भी 1962 के आम चुनावों में अटल जी बलरामपुर से हार गए।

किसी की भी समझ में यह बात नहीं आई कि इतने अच्छे कार्य करने के बाद भी अटल जी को हार का मुंह क्यों देखना पड़ा, लेकिन जनसंघ के 14 प्रत्याशी चुनाव जीतकर संसद में पहुंचने में सफल हो गए थे। पार्टी स्तर पर यह बहुत बड़ी उपलब्धि थी। जनसंघ की इस सफलता का परिणाम यह हुआ कि जनसंघ के दो सदस्य अटल बिहारी वाजपेयी और पंडित दीनदयाल उपाध्याय राज्यसभा के लिए चुन लिए गए। उन दिनों सर्वपल्ली डॉक्टर राधाकृष्णन राष्ट्रपति थे और राज्यसभा के सभापति भी वही थे। उन्होंने अटल जी को राज्यसभा की प्रथम दीर्घा में बैठने के लिए प्रेरित किया। यहां भी अटल जी ने अपने कार्यों से सब पर एक अलग ही छाप छोड़ी। उन्हीं दिनों डॉक्टर राजेन्द्र प्रसाद और पंडित जवाहर लाल नहेरू का निधन हुआ। अटल जी ने एक ऐसी साहित्यिक भाषा शैली में उन दोनों महापुरुषों को श्रद्धांजलि दी कि सब गद-गद हो गए।

1967 के आम चुनावों में अटल जी ने चुनाव बलरामपुर से ही लड़ा और इस बार अपने प्रतिद्वंद्वी को भारी मतों से हराकर विजयी रहे। अटल जी धर्म व राजनीति को एक साथ लेकर चलने के समर्थक शुरू से ही न रहे। उन्होंने यहां तक कहा कि अंतर्राष्ट्रीय स्तर पर मजहबी कट्टरता को महत्त्व नहीं मिलना चाहिए तथा धर्म राजनीति से दूर ही रखने की चीज है।

वाजपेयी जी ने, बांग्लादेश के वासियों पर पाक जो जुल्म ढा रहा था, बड़ी बेबाकी से अपनी प्रतिक्रिया व्यक्त की। जम्मू-कश्मीर को धारा 370 के तहत जो विशेष दर्जा मिला था, उसे हटाने की भी मांग की। कश्मीर में रोजगार के साधन मुहैया कराने की मांग भी सरकार से उन्होंने की।

विदेश नीति के मामले में भी अटल जी के विचार स्पष्ट थे। वियतनाम पर अमेरिका के आक्रमण की उन्होंने घोर निंदा की। संयुक्त राष्ट्रसंघ की चुप्पी को उन्होंने गलत ठहराया। इतना तक कहा कि अमेरिका कुछ भी कर ले, वियतनाम की धरती से उसे हटना ही पड़ेगा और हुआ भी यही, अमेरिका को हार का मुंह देखना पड़ा। अमेरिका में भी वियतनाम पर हमले की निंदा हुई। हम कह सकते हैं कि अटल जी की विदेश नीति बहुत ही मंजी हुई थी। 1972 के आम चुनावों में अटल जी ने ग्वालियर से चुनाव लड़ा और वह विजयी रहे। उन दिनों प्रधानमंत्री इंदिरा गांधी थीं। राष्ट्रपति ने जब आपातकाल की घोषणा की तब विपक्ष के नेताओं सहित अटल जी को भी जेल में डाल दिया।

कारावास के दौरान ही अटल जी की तबियत खराब हो गई। उन्हें तत्काल अस्पताल में भर्ती कराया गया। आपातकाल समाप्त होने पर अटल जी जेल से बाहर हुए। आपातकाल की यह देन थी कि विपक्षी पार्टियां संगठित होने में कामयाब रहीं।

इसके बाद आम चुनाव हुए, जिसमें कांग्रेस (ई) को करारी हार मिली। यहां तक कि इंदिरा गांधी भी चुनाव हार गईं। जनता पार्टी को बहुमत प्राप्त हुआ और मोरारजी प्रधानमंत्री बने। अटल जी को विदेश मंत्रालय दिया गया। अटल जी विदेश नीति के मामले में बहुत ही निपुण साबित हुए। यह पहले विदेश मंत्री थे, जिन्होंने विदेशों का सर्वाधिक दौरा किया। अटल जी ने फरक्का-गंगाजल मामले को हल किया। भारत से पाकिस्तान जाने के लिए ट्रेन चलाने के मसले को भी सुलझाया।

भारतीय अणु शक्ति

अटल जी ने भारतीय अणु शक्ति नीति को भी स्पष्ट किया और भारत के लिए इसे जरूरी बताया। अटल जी नेपाल भी गए और व्यापार तथा पारगमन की नीति पर बात की। 4 अक्टूबर 1977 को उन्होंने संयुक्त राष्ट्रसंघ के अधिवेशन में अपनी बात हिंदी में ही रखी।

1980 में लोकसभा के चुनाव हुए। कांग्रेस (ई) दोबारा सत्ता में आ गई। जनता पार्टी का अब कहीं नामोनिशान नहीं था। 1980 में ही भारतीय जनसंघ का नाम बदलकर भारतीय जनता पार्टी कर दिया गया।

विधाता को कुछ और ही मंजूर था। 1984 में इंदिरा जी की हत्या हो गई, लोकसभा के चुनाव हुए। सत्ता में कांग्रेस (ई) ही आई और अनेक राजनीतिज्ञों को हार का सामना करना पड़ा। अटल जी भी ग्वालियर की सीट से हार गए थे, लेकिन 1986 में राज्यसभा के लिए वाजपेयी जी चुन लिए गए। 1991 में लोक सभा का चुनाव हुआ। कांग्रेस (ई) को बहुमत प्राप्त हुआ और पी.वी. नरसिम्हा राव ने अपनी सरकार बनाई।

प्रधानमंत्रित्व काल

नरसिम्हा-सरकार ने पूरे पांच वर्ष तक शासन किया। 1996 में लोकसभा के चुनाव हुए। अटल जी को सर्व सहमति से प्रधानमंत्री बनाया गया। 21 मई 1996 को उन्होंने पद एवं गोपनीयता की शपथ ली, लेकिन

बहुमत सिद्ध न कर पाने के कारण अटल जी की सरकार 13 दिनों के भीतर ही गिर गई।

19 मार्च 1998 को लोकसभा के जो चुनाव हुए भारतीय जनता पार्टी को बड़े स्तर पर सफलता मिली और उसने अपनी सरकार बनाने का दावा किया। भाजपा के सदस्यों की संख्या 182 थी। जयललिता की पार्टी ए.आई.डी.एम..के. तेलगुदेशम एवं तृणमूल ने भाजपा को अपना समर्थन दिया। अटल जी दोबारा प्रधानमंत्री के पद पर आसीन हो गए और 14 माह तक इस पद पर रहे।

वाजपेयी-सरकार की उपलब्धियां

1. 'जय जवान, जय किसान, जय विज्ञान' का नारा अटल जी ने पोखरण में दिया और दुनिया को बता दिया कि अपनी आजादी के लिए भारत को भी परमाणु बम बनाने का अधिकार है। उन्होंने विज्ञान तथा तकनीकी की उन्नति पर जोर दिया और कहा कि देश का भविष्य इस पर ही निर्भर है। 11 मई 1998 को पोखरण में पांच परमाणु परीक्षण करवाए और देश की जनता को बताया कि परमाणु शक्ति आज की जरूरत है।

2. अटल जी ने युवा प्रतिभाओं से आग्रह किया कि वे विदेश जाने की अपनी सोच में बदलाव लाएं। देश को उनकी जरूरत है और इसके लिए उन्होंने 'ब्रेन ड्रेन' को रोकने की आवश्यकता बताई।

3. पोखरन में जो परमाणु परीक्षण हुए, उससे अमेरिका और उसके मित्र देशों ने भारत पर प्रतिबंध लगा दिया। अटल जी इससे जरा भी नहीं घबराए और स्पष्ट शब्दों में कहा कि भारत एक आत्मनिर्भर राष्ट्र है। इसके पास अर्थ की कोई कमी नहीं है। वह अमेरिका व मित्र देशों से नहीं डरता।

4. अटल जी उदार हृदय के व्यक्ति थे तथा देशहित को सबसे ऊपर मानते थे, तभी तो परमाणु कार्यक्रम का शुभारंभ करने वाली पूर्व प्रधानमंत्री इंदिरा की सराहना की।

5. अटल जी ने सैन्य शक्ति का मनोबल बढ़ाया। परमाणु बम को देश की आजादी और प्रतिष्ठा के लिए आवश्यक माना। अटल जी ने अपना कार्यकाल पूर्ण नहीं किया, क्योंकि भाजपा को पूर्ण बहुमत प्राप्त नहीं था। अटल जी को भी इसका आभास था, लेकिन कुछ भी हो अटल जी ने कम समय में भी महत्त्वपूर्ण कार्य कर स्वयं को योग्य प्रधानमंत्री साबित कर दिया। बाहर और अन्दर से जो भी पार्टियां समर्थन देती हैं, वे बाद में कोई-न-कोई शर्त रख ही

देती हैं और ए.आई.डी.एम.के. की जयललिता ने भी यही किया। अटल जी ने जयललिता की शर्त स्वीकार नहीं की। फिर उन्होंने समर्थन वापस ले लिया। अटल जी ने इस्तीफा दे लिया।

कारगिल युद्ध

वाजपेयी जी के शासनकाल में ही कारगिल युद्ध हुआ, इसलिए इसका जिक्र करना आवश्यक है। इस युद्ध में भारतीय सैनिकों की विजय हुई और इसे 'ऑपरेशन विजय' का नाम दिया गया। कारगिल युद्ध होने का कारण यह था कि पाकिस्तानी सैनिक कश्मीर के अंदर, बहुत अंदर तक प्रवेश कर गये थे और राज्य के कारगिल क्षेत्र में चोटियों पर कब्जा कर लिया था। यह युद्ध बहुत ही विनाशकारी था। पाक फौजों को कारगिल क्षेत्र से बाहर करने के लिए भारतीय सैनिकों को बहुत मशक्कत करनी पड़ी थी। कितने ही सैनिक शहीद हुए, धन –जन की हानि हुई। इस युद्ध ने साबित कर दिया था कि पाकिस्तान कितना धोखेबाज है क्योंकि वाजपेयी जी पाकिस्तान से मैत्री संबंध बनाने के लिए प्रयासरत थे। फिर ऐसे में पाकिस्तान को युद्ध की स्थिति बनाने की क्या जरूरत थी। जब से पोखरण–परीक्षण हुआ था, पाकिस्तान भारत को लेकर तनावग्रस्त हो गया था। फिर पाक ने भी एक परीक्षण किया। 1999 की शुरुआत में जब यह तनाव कुछ कम हुआ तब वाजपेयी ने 'बस राजनयिक अभियान' चलाया। वह खुद बस में बैठकर पाकिस्तान गए, लेकिन इससे पहले ही पाक सैनिक कश्मीर के भीतर घुस गए थे और कारगिल को पूरी तरह से अपने कब्जे में ले लिया था। भारतीय सेना के सामने अब यह चुनौती थी कि कैसे कारगिल को पाक सैनिकों से मुक्त कराया जाए। पाक सैनिक चोटियों पर थे और भारतीय सैनिक उनके निशाने पर थे। आक्रमण भारतीय सेना ने कर दिया, लेकिन शुरुआत में ढेरों भारतीय सैनिक शहीद हो गए। पाक सैनिक भी घायल हुए। भारतीय सैनिकों का मनोबल ऊंचा था। वे अपनी सरहद पर लड़ रहे थे। उन्होंने पाक सैनिकों को चारों तरफ से घेर लिया। कारगिल युद्ध में भारत की जीत हुई पर अमेरिका के दखल देने के कारण भारतीय सेना ने पाक सैनिकों को भागने दिया। उन पर वार नहीं किया और उन्हें जिन्दा ही जाने दिया।

अब बोफोर्स तोपों का जिक्र करना आवश्यक है, क्योंकि बोफोर्स तोपों के कारण ही कारगिल को मुक्त कराने में भारतीय सेना सफल हुई थीं। राजीव

गांधी ने जब बोफोर्स तोपें खरीदी थीं, तब भाजपा ने और अन्य पार्टियों ने इन तोपों को नकारा बताया था। कारगिल युद्ध में यह सिद्ध हो गया कि बोफोर्स तोपों का सौदा करना भारत के लिए कितना सार्थक साबित हुआ। भारतीय सेना के अफसरों ने भी यह स्वीकार किया कि बोफोर्स तोपों के कारण ही कारगिल युद्ध में विजय प्राप्त हुई। वैसे भी बोफोर्स तोपों के संबंध में राजीव गांधी पर जो मुकदमा हुआ था, अदालत ने पहले ही बरी कर दिया था। इस युद्ध के बाद जो दाग राजीव जी पर लगा था, वह भी धुल गया।

शहीद सैनिकों के शवों को उनके घरों तक पहुंचाया गया। यह व्यवस्था पहली बार हुई थी। राजकीय सम्मान के साथ अंतिम विदाई दी गई और उनके शवों को महंगे ताबूतों में रखकर पहुंचाया गया। ये सारे ताबूत विदेशों से खरीदे गए थे। इन ताबूतों को लेकर भी यह बात उड़ाई गई थी कि ताबूतों पर दलाली खायी गई।

कारगिल युद्ध के बाद वाजपेयी सरकार पर आरोप लगाया गया कि सरकार का खुफिया तंत्र कमजोर था तभी तो पाक सैनिक कश्मीर के अंदर तक आ गए और पता तक नहीं चला। जवाब में खुफिया विभाग ने कहा कि उसने सरकार को आगाह किया था। इस मामले को लेकर विपक्ष ने हो-हल्ला मचाया और इतना तक कहा कि क्या सरकार युद्ध का इंतजार कर रही थी ताकि आगामी चुनावों में इसका लाभ मिल सके।

वैसे देखा जाए तो लापरवाही के कारण ही कारगिल में पाक सैनिकों ने अपना आधिपत्य स्थापित कर लिया था, लेकिन सिर्फ सवाल ही उठे, छानबीन नहीं हुई। जो सरकार बनी उसने भी कोई ध्यान नहीं दिया। अल्पमत में आ जाने के कारण भाजपा सरकार गिर गयी और वाजपेयी जी ने इस्तीफा दे दिया, फिर वह कार्यकारी प्रधानमंत्री अप्रैल 1999 तक रहे।

चुनाव हुए तो एन.डी.ए को बहुमत मिला और 13 अक्टूबर 1999 को अटल जी को पद एवं गोपनीयता की शपथ दिलाई गई। वाजपेयी जी तीसरी बार प्रधानमंत्री बने। यहां लालकृष्ण आडवाणी का जिक्र करना बहुत ही आवश्यक है, क्योंकि अटल जी को प्रधानमंत्री बनाने में आडवाणी जी का बहुत बड़ा योगदान रहा है। अटल जी में पागलपन की हद तक हिंदू कट्टरता नहीं है। हिंदू राष्ट्र का समर्थन वह भले ही करते हैं, पर जनभावनाओं को हवा कभी नहीं देते हैं, आडवाणी जी की सोच में कट्टरता है। उन्होंने देश-भर में अनेक रथ यात्राएं निकालीं। अटल जी के पक्ष में राष्ट्रीय स्तर पर प्रचार किया, जगह-जगह पर जनसभाएं कीं। आडवाणी ने भाजपा की लोकप्रियता इतनी

बढ़ा दी कि नामुमकिन मुमकिन हो गया, आडवाणी ने रथ यात्रा के दौरान जिन सभाओं को संबोधित किया, उनमें यही कहा कि भाजपा को मजबूत बनाएं। अटल बिहारी वाजपेयी को देश का प्रधानमंत्री बनाएं। वाजपेयी को प्रधानमंत्री बनाने में आडवाणी ने जो योगदान दिया उसे भुलाया नहीं जा सकता, लेकिन वाजपेयी समय के साथ-साथ सब भूलते चले गए और आगे चलकर उनमें वैचारिक मतभेद बढ़ते गये। राजनीति में ऐसा ही होता है। सत्ता-सुख का मद सारे रिश्तों को ताक पर रख देता है। तीसरा कार्यकाल पूरा करने के बाद चौथी बार भाजपा सरकार नहीं बना सकी।

लेकिन यह सही है कि वाजपेयी ने तीसरी बार जो सरकार बनाई, उनकी यही कोशिश रही कि सरकार पांच वर्ष का समय पूरा करे। एन.डी.ए. के संयोजक जार्ज फर्नांडिस थे और उनका कार्य यही था कि जो भी कोई घटक रूठता, वह बखूबी उसे मनाने का कार्य करते।

आर्थिक दृष्टि से भी वाजपेयी सरकार ने अच्छा कार्य किया और आर्थिक स्थिति को कमजोर नहीं होने दिया। नरसिम्हा राव ने आर्थिक उदारीकरण की नीति वित्तीय स्थिति को सुधारने के लिए लागू की थी। वाजपेयी जी ने इस नीति में कोई फेरबदल नहीं की और यूं ही इसे चलने दिया, जिससे आर्थिक संकट की समस्या का सामना करना ही नहीं पड़ा।

विदेश नीति के मामले में तो स्वयं वाजपेयी जी का कोई जवाब ही नहीं था। अटल जी ने व्यावहारिक विदेश नीति को अपनाते हुए परमाणु नीति का खुलासा किया, लेकिन पोखरण परमाणु परीक्षण जो हुआ, अमेरिका को अच्छा नहीं लगा और उससे संबंध कुछ हल्के अवश्य ही पड़ गए। अटल जी ने स्पष्ट किया कि भारत परमाणु शक्ति का उपयोग उसी हालत में कर सकता है जब कोई राष्ट्र उसके खिलाफ इस शक्ति का इस्तेमाल करेगा। वाजपेयी जी ने यह भी कहा कि चीन और पाक भारत के प्रति अक्सर ही विरोधी रवैया अपनाते रहे हैं, यह उन दृष्टियों से किया गया था।

वाजपेयी ने पड़ोसी राष्ट्र पाक से हमेशा रिश्ता मधुर बनाने की कोशिश की, पर पाक ने हमेशा छला और जो कहा उस पर अडिग नहीं रहा। उधर वाजपेयी पाक से संबंध मधुर बनाने में जुटे रहे और इधर पाक सैनिकों की घुसपैठ कश्मीर में जारी रही।

अटल जी की 'स्वर्णिम चतुर्भुज' योजना काफी चर्चा में रही। इस योजना के तहत वह मशहूर शहरों को सड़कों से जोड़ना चाहते थे और इस मामले में

उन्होंने अधिकांश कार्य किया भी। इसका लाभ यह हुआ कि व्यावसायिक गतिविधियां काफी हद तक बढ़ गईं।

वाजपेयी-सरकार ने अमेरिकी राष्ट्रपति बिल क्लिंटन का भारत में शानदार स्वागत किया। इससे अमेरिका के साथ भारत के संबंध कुछ अवश्य ही सुधरे। बाजपेयी जी ने बिल क्लिंटन से मिलकर पाक के पदच्युत प्रधानमंत्री नवाज शरीफ़ को जेल से बाहर निकालने के बारे में बातचीत की। इसके पीछे अटल जी की यही मंशा थी कि पाक में प्रजातंत्र की हत्या न हो। वाजपेयी जी की यह कोशिश सफल रही और नवाज शरीफ़ को जेल से मुक्ति मिल गई।

अटल जी की यह विशेष इच्छा थी कि पाक से दोस्ताना संबंध स्थापित हों और उन्होंने इसके लिए मुशर्रफ को बुलाया भी। इस शिखरवार्ता के लिए आगरा को चुना गया। मुशर्रफ का स्वागत राष्ट्रीय स्तर पर किया गया। बातचीत भी हर समस्या पर हुई, मुशर्रफ को हर तरह की शाही सुविधाएं दी गईं। उन्होंने शाही टूर का खूब आनंद उठाया, लेकिन मुशर्रफ ने सिर्फ बातें ही कीं, समझा जरा-सा भी नहीं। मुशर्रफ ने मीडिया को अपना वक्तव्य जारी कर दिया। उन्होंने घुमा-फिराकर अपनी मर्जी के अनुसार मीडिया को बताया, इससे भारत की निंदा हुई। कश्मीर का मसला इस शिखरवार्ता से और भी उलझ गया। इस तरह से परवेज मुशर्रफ पाकिस्तानियों की नजरों में हीरो बन गए। इस शिखरवार्ता का कोई लाभ नहीं हुआ, आतंकवादी घटनाओं को और बढ़ावा ही मिला। फिर इस आतंकवाद से भारत में अनेक तरह की परेशानियां पैदा हो गईं। पाक को मालूम था कि वह भारत का सामना जंग के मैदान में नहीं कर सकता । आतंकवाद का ही सहारा लेना सही है। इससे कश्मीर के लोगों को जान-माल की हानि हुई, कितने ही लोग वहां से पलायन कर गए।

अक्टूबर 2002 में जम्मू-कश्मीर विधानसभा पर आतंकवादियों के हमले हुए तथा वाजपेयी सरकार दंग रह गई।

बात यहीं तक नहीं रही। 13 दिसंबर 2001 को पाक-आतंकवादियों ने संसद भवन पर हमला बोल दिया। यह सोचने वाली बात थी कि संसद भवन के अंदर व बाहर सुरक्षा का इतना कड़ा प्रबंध होने के बाद हथगोला, बारूद, बंदूक आदि सब लिए आतंकवादी दाखिल कैसे हो गए? भारतीय सरकार ने बहुत हो-हल्ला किया। इस मसले को अन्तर्राष्ट्रीय स्तर पर उठाया, पर कोई लाभ नहीं हुआ। हर जगह संयम व धैर्य काम नहीं करता। संसद पर जब हमला हो गया तो क्या रह गया? अटल सरकार ने कोई फैसला नहीं लिया। इस मामले

भारत के प्रधानमंत्री

में वाजपेयी जी असफल साबित हुए। पूरा देश यही चाहता था कि इसका जवाब सरकार युद्ध से दे, लेकिन सरकार ने सिर्फ सीमा पर सैनिकों की संख्या बढ़ा दी और मामला शांत हो गया। गनीमत यही थी कि पांचों हमलावरों को सुरक्षा बलों ने घटना स्थल पर ही धराशायी कर दिया था।

तहलका कांड

आरोप वाजपेयी सरकार पर भी कई लगे। उनमें तहलका कांड की विशेष रूप से चर्चा हुई। तहलका वालों ने गुप्त रूप से भाजपा के नेताओं के साथ ही सेना के अफसरों को भी रक्षा सौदों के दौरान रिश्वत लेते हुए, दृश्यों को कैमरे में बंद कर लिया तथा अनेक टी.वी. चैनलों पर इसे प्रसारित किया। जनता ने इस दृश्य को देखा तो दांतों तले अंगुली दबाकर रह गई। भाजपा अध्यक्ष बंगारू लक्ष्मण और रक्षामंत्री जार्ज फर्नांडिस भी इस कांड में लिप्त दिखाए गए। जार्ज फर्नांडिस ने त्यागपत्र दे दिया, लेकिन सरकार ने उन्हें निर्दोष बताते हुए पुन: रक्षा मंत्रालय सौंप दिया। जार्ज फर्नांडिस की साफ-सुथरी छवि इस कांड के बाद इतनी धूमिल हो गई कि उन्हें खुद से ही नफरत हो गई। अटल जी भी इस काले साये से वंचित नहीं रह सके। विपक्ष ने सदन का बहिष्कार किया और जब तक वाजपेयी-सरकार रही, बस यही मुद्दा चर्चा का विषय बना रहा।

शाइनिंग इंडिया

भाजपा ने जनता के लिए कई कार्यक्रम आयोजित किये थे और कई सफल योजनाओं को कार्यरूप दिया था जैसे–स्वर्णिम चतुर्भुज योजना, आर्थिक सुधार नीति, विदेश नीति, कृषक हितकारी कदम आदि। वाजपेयी-सरकार को उम्मीद थी कि उसने इतने सारे कार्यक्रमों को अंजाम दिया है तो जनता दोबारा भी उसका ही समर्थन करेगी। चुनाव अक्टूबर 2004 तक होने चाहिए थे पर चुनाव की घोषणा अप्रैल-मई में कर दी गई। ऐसा इसलिए हुआ क्योंकि सरकार को लगा था कि जनसमर्थन उसके साथ है, लेकिन जब चुनाव हुए तो एन.डी.ए पार्टी को बहुमत नहीं मिला, उसे हार का सामना करना पड़ा। वाजपेयी ने अपना इस्तीफा दे दिया इसके बाद राजनीति से एक तरह से संन्यास ही ले लिया।

11

देवगौड़ा

एच.डी.देवगौड़ा तब प्रधानमंत्री पद पर आसीन हुए थे जब वाजपेयी जी को 13 दिन प्रधानमंत्री पद पर रहने के बाद इस्तीफा देना पड़ा था। ग्यारहवें प्रधानमंत्री के रूप में देवगौड़ा का नाम आता है।

एच.डी. देवगौड़ा का जन्म 18 मई 1933 को कर्नाटक के हरदन हल्ली में हुआ था। देवगौड़ा एक कृषक परिवार से हैं। राजनीति के प्रति लगाव आरंभ से ही था। इन्होंने सिविल इंजीनियरिंग में डिप्लोमा भी किया था और 19-20 की उम्र में ही राजनीति में आ गए थे। इनकी पत्नी का नाम चेनम्मा है। देवगौड़ा कृषक परिवार से होने के कारण किसानों की समस्याओं को बखूबी जानते हैं और उनके उत्थान के लिए काफी कुछ उन्होंने किया भी।

राजनीतिक सफर

एच.डी देवगौड़ा 1953 में कांग्रेस पार्टी के सक्रिय कार्यकर्ता बने, लेकिन जब कांग्रेस पार्टी में उनको कोई अवसर नहीं मिला तब उन्होंने कांग्रेस पार्टी को छोड़ दिया और 1962 में कर्नाटक विधानसभा चुनाव में निर्दलीय उम्मीदवार

भारत के प्रधानमंत्री

के रूप में खड़े हो गए और चुनाव जीत भी गए। उन्होंने इतना बेहतर कार्य किया कि 1967, 1972 तथा 1977 में लगातार विधानसभा के चुनाव जीते। कांग्रेस पार्टी ने उनके राजनीतिक जीवन की सफलता को देखते हुए अपनी तरफ आने का इशारा किया तो 1969 के पहले ही वह कांग्रेस (ओ) पार्टी में शामिल हो गए। देवगौड़ा को तब जेल जाना पड़ा, जब श्रीमती इंदिरा गांधी ने आपातकाल की घोषणा कर सभी नेताओं को जेल में डलवा दिया। देवगौड़ा भी इंदिरा विरोधी थे। पूरे डेढ़ वर्षों तक वह कैद में रहे। आपातकाल समाप्त होने पर देवगौड़ा को कैद से मुक्ति मिली।

कर्नाटक विधानसभा के लिए उन्होंने चुनाव लड़ा और चुनाव जीतकर विधानसभा में पहुंचे। मंत्री पद भी इन्हें मिला, पहली बार तो देवगौड़ा परिवहन मंत्री बने, फिर दूसरी बार सिंचाई मंत्री बने।

कर्नाटक मंत्रिपरिषद से 1982 में देवगौड़ा ने इस्तीफा दे दिया, फिर वह हाशिए पर ही रहे।

1991 में इनका भाग्योदय हुआ और हासन लोकसभा में चुनकर संसद में पहुंचे। 1994 में उन्हें जनता-दल की राज्य इकाई का अध्यक्ष भी बनाया गया। देवगौड़ा सांसद क्या बने, इनके भाग्य के सारे पत्ते ही खुल गए। जनता दल राज्य इकाई का अध्यक्ष बनते ही देवगौड़ा को विधानसभा का नेता चुन लिया गया। देवगौड़ा कर्नाटक के मुख्यमंत्री बन गए और 1996 तक इस पद पर बने रहे।

प्रधानमंत्री देवगौड़ा

मुख्यमंत्री का पद देवगौड़ा ने प्रधानमंत्री पद के लिए छोड़ा। बात ऐसी थी कि 1996 में जो लोकसभा के चुनाव हुए थे, उनमें किसी भी दल को पूर्ण बहुमत नहीं मिला था। भाजपा को अधिक सीटें मिली थीं। राष्ट्रपति ने उसे सरकार बनाने का अवसर दिया। उसने सरकार बनाई, पर वह बहुमत सिद्ध नहीं कर पाई, जिससे मात्र 13 दिनों में ही वाजपेयी-सरकार गिर गई। जनता दल, जनता पार्टी आदि दलों ने मिलकर एक संयुक्त मोर्चे का गठन आनन-फानन में कर लिया, लेकिन वह भी सरकार बनाने में समर्थ नहीं थी। कांग्रेस ने उसे बाहर से समर्थन देने का आश्वासन दिया तब कहीं जाकर देवगौड़ा के नेतृत्व में 'संयुक्त मोर्चा' ने अपनी सरकार बनाई। वाजपेयी के इस्तीफे के अगले दिन 1 जून 1996 को श्री देवगौड़ा ने पद और गोपनीयता की शपथ ले ली, लेकिन देवगौड़ा ज्यादा समय तक इस कुर्सी पर नहीं बैठे रह सके। 21 अप्रैल 1997

को उन्हें त्यागपत्र देना पड़ गया। देवगौड़ा ने कांग्रेस की वजह से त्यागपत्र दे दिया। कांग्रेस का कहना था कि वह संयुक्त मोर्चा को समर्थन तभी देगी, जब मोर्चा अपना नेता किसी और को चुनेगा। मोर्चा ने फिर इन्द्र कुमार गुजराल को अपना नेता चुना। कांग्रेस इंद्र कुमार गुजराल के नाम से सहमत थी।

देवगौड़ा के कार्यकाल का विश्लेषण

देवगौड़ा दस माह तक प्रधानमंत्री रहे। बाहर से समर्थन जो कांग्रेस पार्टी कर रही थी, वह उन्हें नापसंद करती थी। देवगौड़ा कुछ खास नहीं कर सके।

देवगौड़ा राज्य स्तर की राजनीति से केन्द्रीय राजनीति में आए थे, जिससे केन्द्रीय राजनीति का ज्ञान उन्हें नहीं था। केंद्रीय मंत्री भी वह नहीं रहे थे और न ही केन्द्रीय स्तर पर कभी कार्य ही किया था। उनको अचानक ही इतना बड़ा पद दे दिया गया था। वह व्यवस्था को संभाल नहीं सके।

देवगौड़ा कन्नड़ के अलावा दूसरी कोई भाषा बोलना नहीं जानते थे। अंग्रेजी का भी उन्हें ज्ञान नहीं था। हिन्दी से तो वह वाकिफ़ ही नहीं थे। उनका व्यक्तित्व साधारण ही था और भाषाई तौर पर वह जीरो थे। अगर भारत का प्रधानमंत्री हिंदी नहीं जानता हो तो फिर प्रधानमंत्री कैसा?

संयुक्त मोर्चा 24 दलों की खिचड़ी था। सबके विचार अलग-अलग थे। ऐसे में वह किसी विकास के कार्यक्रम के बारे में कैसे सोचते? सभी उनसे अपने मन के कार्य करने को कह रहे थे। भला देवगौड़ा ऐसा कैसे कर पाते? ऐसे में सहयोगी दलों ने उनकी कमजोरियों का लाभ उठाया।

कांग्रेस प्रारंभ से ही देवगौड़ा को नापसंद करती थी और करती रही तथा इस्तीफा दिलवाकर ही दम लिया।

देवगौड़ा आज भी कर्नाटक की राजनीति में सक्रिय हैं।

12

इन्द्र कुमार गुजराल

श्री देवगौड़ा के इस्तीफा देने के बाद इंद्र कुमार गुजराल ने देश के 12 वें प्रधानमंत्री के रूप में शपथ ली। लेकिन वह भी अल्पावधि के लिए ही प्रधानमंत्री पद पर रहे। कांग्रेस ने इनको भी अधिक समय तक इस पद पर नहीं टिकने दिया।

4 दिसंबर 1919 को झेलम में इंद्र कुमार गुजराल का जन्म हुआ था। अवतार नारायण इनके पिता थे और पुष्पा गुजराल इनकी माता थीं। शीला देवी से इनका विवाह 26 मई 1946 को हुआ था।

श्री गुजराल के पिता स्वतंत्रता सेनानी थे और स्वतंत्रता आंदोलन में भाग लिया था। पिता से प्रभावित होकर मात्र 12 वर्ष की अवस्था में इंद्र कुमार गुजराल भी स्वतंत्रता-आंदोलनों से जुड़ गए थे। 1942 के भारत छोड़ो आंदोलन में इंद्र कुमार गुजराल ने बढ़-चढ़कर भाग लिया था, जिससे इन्हें जेल भी जाना पड़ा। तब उनकी उम्र मात्र 23 साल की थी। देवगौड़ा की तरह वह केंद्रीय राजनीति से अनभिज्ञ नहीं थे।

राजनीतिक सफर

प्रधानमंत्री बनने से पहले संचार एवं संसदीय कार्य मंत्रालय, सूचना एवं प्रसार मंत्रालय, सड़क एवं भवन मंत्रालय, योजना तथा विदेश मंत्रालय (सभी केन्द्र में राज्य मंत्री) का कार्यभार इंद्र कुमार गुजराल ने बखूबी निभाया था। उन्हें सभी मंत्रालयों का पर्याप्त ज्ञान था। इंदिरा-सरकार में श्री गुजराल राजनयिक भी रहे। वह रूस में भारत के राजदूत रह चुके थे, कांग्रेस ने इन्हें सम्मानित भी किया था, लेकिन श्रीमती गांधी की राजनीति का शिकार भी इन्हें होना पड़ा, जिससे इनका कांग्रेस से मोहभंग हो गया। 1984 में अचानक ही इंदिरा जी की हत्या हो गई। राजीव गांधी प्रधानमंत्री बन गए और उन्होंने युवा नेताओं को महत्त्व दिया तथा अनुभवी एवं पुराने नेताओं को किनारे पर छोड़ दिया। इंद्र कुमार गुजराल ने कांग्रेस पार्टी को छोड़ दिया और जनता दल की सदस्यता ग्रहण कर ली।

प्रधानमंत्री श्री गुजराल

जनता दल में आने के बाद इंद्र कुमार गुजराल ने प्रगति की। देवगौड़ा सरकार में उन्हें विदेश मंत्रालय मिला। देवगौड़ा के त्यागपत्र देने के बाद इनके नाम पर सर्वसहमति बनी और 21 अप्रैल 1997 को पद एवं गोपनीयता की शपथ ली। इन्द्र कुमार गुजराल को प्रशासनिक कार्यों की जानकारी थी और शासन संबंधी अनुभव भी था। वह देवगौड़ा की तरह व्यक्तित्वहीन भी नहीं थे। वह एक अच्छे वक्ता भी थे। कांग्रेस पार्टी में रहते हुए इन्होंने विविध पदों को जीया भी था, जिससे देवगौड़ा की तुलना में इनका कद ऊंचा था, लेकिन गुजराल की सरकार 11 माह तक ही बनी रह सकी। कांग्रेस ने समर्थन खींच लिया जिससे 19 मार्च 1998 को गुजराल ने त्यागपत्र दे दिया।

गुजराल सरकार के कार्य

देवगौड़ा की तरह अनुभवहीन इंद्र कुमार गुजराल नहीं थे। उन्हें विभिन्न क्षेत्रों की जानकारी थी, लम्बा राजनीतिक अनुभव था। देवगौड़ा 10-11 माह तक प्रधानमंत्री रहे और कुछ खास नहीं कर पाए, पर इंद्र कुमार ने इतने ही माह के शासनकाल में बहुत कुछ करने की कोशिश की।

- 1997 में एशिया महाद्वीप आर्थिक संकट के दौर से गुजर रहा था। भारत में भी यही हाल था। श्री गुजराल ने सकारात्मक आर्थिक

योजनाएं बनाई और भारत को इस आर्थिक संकट से उबारने का सफल प्रयास किया। अगर गुजराल सरकार असमय ही नहीं गिरती तो जरूर ही भारतीय वित्तीय व्यवस्था में आश्चर्यजनक रूप से सुधार हुआ होता।

- गुजराल ने बरसों से बीमार पड़ी, सरकारी संस्थाओं को गतिशील बनाकर उनमें नयी जान लाने की कोशिश की। जिस राष्ट्र में सरकार का परिवर्तन बार-बार होता है उस राष्ट्र की नौकरशाही उच्छृंखल, गैर-जिम्मेदार तथा मुंहफट हो जाती है। भारत की स्थिति भी ऐसी ही थी, नौकरशाही बिना लगाम की हो गई थी। श्री गुजराल को इस बात का ज्ञान था और उन्होंने नौकरशाही की लगाम कसने की पूरी कोशिश की।

- 1965 के युद्ध के बाद पाक से भारत के संबंध तनावपूर्ण चल रहे थे। श्री गुजराल को विदेश नीति का ज्ञान था, जिससे उन्होंने पाक से रिश्ता सुधारने का सकारात्मक प्रयास किया। सरकार गिर जाने के कारण यह प्रयास प्रयास-भर ही रह गया।

खूबियां

श्री गुजराल पंजाबी, हिंदी, उर्दू और अंग्रेजी का ज्ञान रखते हैं। रशियन भाषा पर भी इनका अधिकार है। इनकी उम्र इस समय 90 के आस-पास है। वह इस समय सामाजिक जीवन से जुड़े हुए हैं।

13

डॉ. मनमोहन सिंह

डॉ. मनमोहन सिंह भारत के 13 वें प्रधानमंत्री हैं। 26 सितंबर 1932 को पश्चिमी पंजाब के गाह नामक स्थान में उनका जन्म हुआ था। श्री गुरुमुख सिंह इनके पिता थे और माता श्रीमती अमृत कौर थीं। दस भाइयों में मनमोहन सिंह सबसे बड़े हैं। गाह इस समय पाकिस्तान में है। इनके पिता सूखे मेवे बेचने का कार्य करते थे। इनका परिवार कोई खास अमीर नहीं था, खाता-पीता परिवार था।

अमृतसर के हिन्दू कॉलेज से स्नातक ऑनर्स की शिक्षा मनमोहन सिंह ने ली थी। 1954 में इन्होंने पंजाब विश्वविद्यालय से अर्थशास्त्र में एम.ए. किया, मार्क्स अच्छे आये थे। इन्हें कैम्ब्रिज विश्वविद्यालय के सेंट जॉन्स कॉलेज ने 'राइट' की उपाधि से नवाजा। 1956 में इन्हें 'एमड स्मिथ' पुरस्कार मिला। मनमोहन सिंह अर्थशास्त्र के विशेषज्ञ माने जाते हैं। पंजाब विश्वविद्यालय चंडीगढ़ ने इनकी विद्वता को देखते हुए लेक्चरर की नौकरी दी। 1959 में इनकी पदोन्नति हो गई और वह लेक्चरर से रीडर बन गये। इनकी धर्मपत्नी का नाम गुरशरण कौर है। 4 वर्ष तक रीडर के पद पर रहने के बाद 1963

में वह प्रोफेसर बन गए। 1969 में दिल्ली स्कूल ऑफ इकोनोमिक्स में प्राध्यापन कार्य किया। 1976 में दिल्ली विश्वविद्यालय ने इन्हें मानद प्राध्यापक का पद दे दिया।

डॉ. सिंह को अर्थशास्त्र में दक्षता प्राप्त थी और इस क्षेत्र में वह एक प्रखर विद्वान व्यक्ति साबित हुए। इनकी इन्हीं विशेषताओं से प्रभावित होकर इंदिरा-सरकार ने सितंबर 1982 में भारतीय रिजर्व बैंक का गवर्नर बनाया।

डॉ. सिंह ने इस जिम्मेदारी को सफलतापूर्वक अंजाम दिया और यह साबित कर दिया कि वास्तव में ही वे एक असाधारण क्षमता वाले व्यक्ति थे। जनवरी 1985 तक डॉ. सिंह रिजर्व बैंक के गवर्नर रहे। डॉ. सिंह के कार्यों को देखते हुए उसी साल ही उन्हें योजना आयोग का उपाध्यक्ष बनाया गया। इस समय राजीव गांधी की सरकार थी। डॉ. सिंह ने बड़ी कुशलतापूर्वक पांच वर्ष का कार्यकाल पूरा किया। फिर 1990 में वह प्रधानमंत्री के वित्तीय सलाहकार बन गए।

डॉ. सिंह की अद्भुत क्षमताओं और विविध विभागों में कुशलतापूर्वक किए गए कार्यों का ही यह अंजाम था कि नरसिम्हा-सरकार में इन्हें 1991 में वित्त मंत्रालय का कार्यभार सौंपा गया। आश्चर्य की बात यह थी कि डॉ. सिंह न तो लोकसभा के मेम्बर थे और न राज्यसभा के ही। मनमोहन सिंह की विद्वता से नरसिम्हा राव अच्छी तरह से वाकिफ़ थे और उन्हें इस बात का बोध था कि देश की बिगड़ी अर्थव्यवस्था को सुधारने के लिए डॉ. मनमोहन सिंह जैसे अनुभवी व्यक्ति को वित्त मंत्रालय देना आवश्यक है।

लोकसभा का चुनाव लड़ना अब उनके लिए आवश्यक था। 1991 में ही उन्हें राज्यसभा के लिए चुन लिया गया।

पी. वी. नरसिम्हा राव को अब एक योग्य वित्तमंत्री मिल गया था। नरसिम्हा राव की अनुभवी आंखों ने श्री सिंह को पहचानने में गलती नहीं की थीं। डॉ. सिंह ने आर्थिक उदारीकरण की नीति को लागू किया। इससे भारत की वित्तीय व्यवस्था, विश्व बाजार से जुड़ गई। आयात-निर्यात को आसान बना दिया, लाइसेंस और परमिट राज्य समाप्त कर दिया। भारतीय बाजार का इस तरह से वैश्वीकरण हो गया।

निजीकरण को महत्त्व दिया गया, शुरुआत में तो मनमोहन सिंह की इस आर्थिक नीति की निंदा हुई, लेकिन बाद में जब परिणाम सामने आया तो प्रशंसा भी होने लगी। डॉ. सिंह को सन् 2002 में सर्वश्रेष्ठ सांसद का सम्मान भी मिला।

प्रधानमंत्रित्व काल

22 मई 2004 को डॉ. मनमोहन सिंह ने प्रधानमंत्री पद की शपथ ली और पूरे पांच वर्ष यानी 2009 तक सफलतापूर्वक शासन किया। लोकसभा के अगले चुनाव में भी कांग्रेस (ई) को सफलता मिली और उसने डॉ. मनमोहन सिंह के नेतृत्व में सरकार बनाई।

आपको यह जानकर आश्चर्य होगा कि डॉ. सिंह की दो बार बाईपास सर्जरी हो चुकी है। फिलहाल डॉ. सिंह पूरी तरह से स्वस्थ हैं। 74 वर्षीय सिंह इसके बावजूद अपने दायित्वों का निर्वाह बड़ी चुस्ती से करते हैं और जरूरी गोष्ठियों, बैठकों, सम्मेलनों में भाग लेते रहते हैं। केंद्रीय मंत्रिपरिषद की बैठक सुचारु रूप से होती रहती है और डॉ. सिंह सबकी सुनते हैं तथा उनकी सलाहों को महत्त्व देते हैं। इनकी आर्थिक उदारनीति का ही यह परिणाम है कि भारतीय 'सेंसक्स' लगातार उछाल भरता रहा और वह अभी भी संतोषजनक स्थिति में है जबकि दूसरे देशों को आर्थिक मंदी ने चौपट कर दिया है।

कृषि पर पर्याप्त ध्यान

डॉ. मनमोहन सिंह की आर्थिक नीतियों से जहां शहरों को लाभ हुआ वहीं कृषि क्षेत्रों में भी उन्होंने सुधार लाने का प्रयास किया। लेकिन अभी भी देश में सिंचाई की व्यवस्था समुचित नहीं हो पाई है। हां, मनमोहन-सरकार ने इतना जरूर किया कि फसलों का मूल्य बढ़ाया। वैसे महाराष्ट्र में किसानों ने जिस तरह से खुदकुशी की, उसे देखकर यही लगता है कि कृषि व्यवस्था में कोई सुधार नहीं हो पाया है। मनमोहन-सरकार ने कृषि के अलावा फरवरी 2006 में ग्रामीण अंचलों के लिए भी कार्य करने का प्रयास किया। वैसे भी गांवों में ही ज्यादा लोग बेरोजगार होते हैं। मनमोहन सरकार ने घोषणा की थी कि साल में कम-से-कम 100 दिन रोजगार दिया जाएगा। इस योजना का नाम 'ग्रामीण रोजगार गारंटी योजना' था। इसे सरकार ने लागू कर दिया, लेकिन राज्य सरकारों का यह कर्त्तव्य बनता है कि केन्द्र से मिले धन का खर्च सही ढंग से हो। राज्य सरकारें ही इस योजना को सफल बना सकती हैं। यह योजना तो कल्याणकारी है, पर इसे कुशलता के साथ चलाने की जरूरत है।

हर क्षेत्र में विकास

हर क्षेत्र में विकास के लिए मनमोहन-सरकार ने अनेक प्रयास किए। डॉ. सिंह ने हवाई अड्डों को निजी हाथों में सौंपने का निर्णय लिया और दिल्ली व मुंबई के हवाई अड्डों के विकास की योजना निजी हाथों में दे दी। इसके साथ ही डॉ. सिंह ने घाटे में चल रहे सार्वजनिक संस्थानों की संख्या को कम कर दिया। इसका लाभ यह हुआ कि बीमार चल रहे संस्थान लाभदायक साबित होने लगे। सूचना तकनीक तथा दूरसंचार के क्षेत्र में भी डॉ. सिंह ने सुधारात्मक कार्य किए। 2008 की आर्थिक मंदी का प्रभाव जरूर पड़ा है, लेकिन विदेशी आर्थिक भागीदारी भी हुई है। सूचना तकनीक तथा दूरसंचार के क्षेत्र में भारत के हालात ठीक नहीं हैं तो खराब भी नहीं हैं।

विदेशी पर्यटन व्यवसाय में भी डॉ. सिंह ने सुधार किया है। इससे विदेशी पर्यटकों का आना पहले की अपेक्षा इस वक्त अधिक है। मनमोहन-सरकार ने देश की वित्त-व्यवस्था को उन्नत बनाया है। बेरोजगारी कम हुई है, लेकिन अभी भी बेरोजगारों की समस्याओं का समाधान ढूंढ़ना आवश्यक है। निजी क्षेत्रों को और अधिक प्रोत्साहित करके बेरोजगारी की समस्या को काफी हद तक दूर किया जा सकता है, वैसे सरकार ने इस दिशा में कदम उठाया है। बैंकों से रोजगार के लिए ऋण लेने की भी सुविधा सरकार ने दी है। इससे लोगों की रुचि स्वरोजगार में बढ़ी है और नौकरियों की ओर भागना कम हुआ है। मनमोहन-सरकार ने समाज हित में अनेक लाभदायक कार्यक्रम चलाए हैं। दलित एवं आदिवासी छात्रों को छात्रवृत्तियां मिल रही हैं। सरकार इसके लिए प्रतिवर्ष 20 करोड़ रुपए का प्रावधान करती है। सरकार ने पश्चिमी देशों के साथ बढ़िया संबंध बनाया है। उदारवादी आर्थिक नीति का लाभ यह हुआ है कि पश्चिमी देशों ने भी दोस्ती का हाथ बढ़ाया है। सरकार का रूस और अमेरिका से फिलहाल संबंध मधुर हैं। ईरान और भारत के साथ भी संबंध अच्छे हैं और पेट्रोलियम पाइप लाइन बिछाने का काम चल रहा है। वाजपेयी-सरकार ने भारत-पाक के बीच बस एवं रेल सेवा चलाने की दिशा में जो कदम उठाया था, वह अब साकार हो गया है।

अमरीका से परमाणु समझौता

2 मार्च 2006 को अमरीका के साथ परमाणु समझौता हुआ। मनमोहन सरकार

की उपलब्धियों में से यह सबसे बड़ी उपलब्धि है। डॉ. मनमोहन सिंह जब जुलाई 2005 में अमरीका गए तो उन्होंने राष्ट्रपति बुश से इस समझौते पर बात की थी। तब बात अधूरी ही रह गई थी। फिर राष्ट्रपति बुश स्वयं भारत की यात्रा पर आए। हवाई अड्डे पर डॉ. मनमोहन सिंह ने बुश का स्वागत किया और अपनी बुद्धिमत्ता से बुश का दिल जीत लिया। इसका अंजाम यह हुआ कि 2 मार्च 2006 को दिल्ली के हैदराबाद हाउस में राष्ट्रपति जार्ज डब्ल्यू बुश और उनके प्रतिनिधि मंडल के साथ 2 घंटे से अधिक वार्ता चली और परमाणु समझौते पर सहमति हो गई। अब भारत को एक तरह से परमाणु शक्ति से सुसज्जित देश का दर्जा मिल गया है। इस समझौते के अनुसार तय हुआ कि भारत के 22 परमाणु रिएक्टरों में से 14 निगरानी में रहेंगे तथा बाकी 8 सैन्य परमाणु कार्यक्रम के उपयोग के लिए रखे जाएंगे। भारत का स्वदेशी फास्ट ब्रीडर रिएक्टर कार्यक्रम निगरानी एजेंसी से मुक्त रहेगा। इस तरह से मनमोहन–सरकार ने यह ऐतिहासिक कार्य पूरा किया। वैसे अभी अमरीकी कांग्रेस की अनुमति बाकी है, फिर भी इस समझौते के नतीजे आने शुरू हो गए हैं।

इतना ही नहीं मनमोहन–सरकार ने रूस से यूरेनियम की प्राप्ति के रास्ते भी खोल दिए हैं। परमाणु बिजली घर तारापुर, यूरेनियम की कमी के कारण बीमार–सा पड़ गया तब मनमोहन सरकार को इसकी चिंता सताने लगी। ऐसे में रूस 60 मीट्रिक टन यूरेनियम देने के लिए तैयार हो गया, लेकिन अमरीका ने रूस से आग्रह किया कि वह अमरीकी कांग्रेस की मुहर परमाणु समझौते पर लगने के बाद ही भारत को यूरेनियम की आपूर्ति करे। रूस ने अमरीका के आग्रह को नकार दिया और 3 अप्रैल 2006 को रूस ने 25 मीट्रिक टन यूरेनियम की आपूर्ति कर दी। परमाणु बिजलीघर तारापुर, जो बंद के कगार पर था, उसमें जान आ गई।

अमरीका से परमाणु समझौते के बाद भी भारत से रूस के संबंध मधुर हैं, यह मनमोहन सरकार की सबसे बड़ी सफलता है।

यह कहना गलत न होगा कि डॉ. मनमोहन सिंह पं. नेहरू, श्री नरसिम्हाराव और श्री अटल बिहारी वाजपेयी के समान ही विद्वान हैं और सफल प्रधानमंत्रियों में इनकी भी गिनती होती है। यही वजह है कि पांच वर्षों का कार्यकाल पूरा करने के बाद डॉ. मनमोहन सिंह 2009 के लोकसभा चुनावों में विजयी रहे और दोबारा प्रधानमंत्री पद के लिए पार्टी ने इनका ही चुनाव किया। श्री सिंह की लम्बी आयु के लिए हम प्रार्थना करते हैं।

भारत के प्रधानमंत्री

महापुरुषों की जीवनियां